驚くほどお金を引き寄せる!

龍神風水

RYUJIN FUSUI

愛新覚羅ゆうはん

日本文芸社

お金と幸せを引き寄せる「龍神風水」のパワーを知っていますか？

はじめまして、愛新覚羅《あいしんかくら》ゆうはんです。

この本を手にとった方のなかには、

「龍神風水って一体なに？」「本当にお金が引き寄せられるの？」

そんな疑問を持ちながら、手を伸ばしてくださった方が多いかもしれません。

龍神風水は簡単にいうと、**龍神を味方につけ、**それと同時に**風水を実践して金運を上げる方法**です。

風水といっても、本書でお伝えする風水は、単に「西に黄色の物を置くといい」「金色の財布を使っていると金運アップ」といった一般的なものではありません。実はそれだけでは、金運はアップしないのです……。どうしたらいいのか、それは本書でじっくりお伝えしていきます。金運はもちろん、あらゆる幸運が舞いこむ風水です。

もうひとつ、本書の特徴である「**龍神**」について。気づいている方もいらっしゃるかもしれませんが、実は今、日本で「龍神ブーム」が巻き起こっています。

「龍神」とは、神獣（霊獣）の一種で、金運、仕事運、ご縁を繋ぐ人脈運をアップさせてくれる絶大なパワーを持つ存在です。私のまわりでも、龍神とつながり、成功を手に入れた人たちが続々と出てきています。

私自身、母方の祖先が清朝を統一した愛新覚羅氏であり、愛新覚羅の血を受け継ぐものは「龍の子孫」と教えられてきました。実際に我が家の祭壇には龍神が祀られ、何度も夢の中で龍神が現れたり、神社参拝時に龍雲や突風、スコールに遭遇するなど、龍神の出現を感じる経験は数えきれないほど。常に守護されている感覚があります。

本著では、龍神の力とつながり、環境と自分の気を整える「**龍神風水**」で**驚くほどお金を引き寄せる方法**をお伝えしていきます。どれも簡単に実践できるものばかり。やらないなんて損するだけ。さっそく幸せをつかみましょう！

愛新覚羅ゆうはん

もくじ

お金と幸せを引き寄せる「龍神風水」のパワーを知っていますか？……2

PART 1 今すぐ知ったほうがイイ！ 龍神パワー

龍神とは、あなたの味方であり、守護してくれる存在……12
龍神に愛され、つながり、サポートをもらえる人とは？……14
龍神を味方につけ、お金を引き寄せる龍神風水……18
COLUMN1 龍の子孫「愛新覚羅家」……20

PART 2 やったほうがイイ！ 龍神風水【部屋編】

風水で金運アップする理由……22

玄関・廊下

1 鏡を置いて邪気は絶対に家に入れない！……25
2 清潔な玄関で開運の準備を万端に！……26
3 玄関の表札で龍神を招き入れる……27
4 玄関をライトアップしてお金を招く！……28
5 置いちゃダメ！ 金運ダウンのNGアイテム……29

6 水槽や「水」を感じるインテリアでお金を呼びこむ……30
7 壁を飾るときはS字を意識！……31
8 玄関の方位別！　金運アップカラー……32
9 「漏財宅」からお金を逃がさない！……33
10 龍神は縦方向や、縦長の物が好き……34
11 お金は、柑橘系の色と形が大好き！……35
12 龍神が好きなフレグランスは桃の香り……36

トイレ
1 湿気対策をして、お金が腐るのを防ぐ！……38
2 トイレの床には物を置かず、スッキリさせる……39
3 トイレのフタは閉め、シールを貼って、浪費を防ぐ！……40
4 トイレの方位別！　金運アップカラー……41
5 黄金のトイレにして金運強化！……42
6 鏡をかけて邪気を祓い、金運・仕事運アップ！……43
7 龍神が好きなガラスや陶器素材を取り入れる……44
8 トイレに長居をすると貧乏神に好かれちゃう！……45

お風呂・洗面所
1 ガラスボトルはお金と相思相愛……47

2 珪藻土のバスマットで貯蓄運アップ！……48
3 排水口を詰まらせると即金運ダウン……49
4 ブルーやグリーンの入浴剤でお金を呼びこむ！……50
5 黒や茶系のカラーはお金との相性×……51
6 磨いて光らせてお金を引き寄せる！……52
7 お金を腐らせる「じめっ、もあっ、ぬるっ」を防ごう……53

キッチン・ダイニング
1 キッチンまわりに「サビ」はありませんか？……55
2 換気扇掃除で金運の巡りを良くする……56
3 ゴミ箱はフタつき・金属製が◎……57
4 「火」と「水」を中和させる「木」を意識する……58
5 財布やお金関係の物は絶対に置かない！……59
6 使い捨ての物を減らして、お金に好かれよう！……60
7 龍神はメタリック素材が好き……61
8 キレイな水を飲んで金運アップ体質に……62

クローゼット
1 隙間なく詰めこみすぎていませんか？……64
2 3年以上使っていない物が金運をガタ落ちさせる!?……65

3 金庫やジュエリーはクローゼットに入れる……66
4 一度着た服はクローゼットに戻さない……67
5 布団や枕は圧縮しない。呼吸ができないと金運ダウン……68
6 亀の置物やポストカードで貯蓄力アップ……69
7 車輪がついた物、一度でも履いた靴を入れない……70
8 龍神は四季を感じる場所が好き……71

寝室
1 角が丸いインテリアでお金に愛される部屋へ……73
2 生命力のあるパキラは金運・人脈運に効果あり！……74
3 寝室の方位別！ 金運アップカラー……75
4 ドア開閉近くや窓下に枕や頭がくると金銭トラブルが！……76
5 龍神が好きな音を取り入れよう……77
6 龍神は北で休み、南で活発に動く……78
7 たくさんの電化製品は金運が不安定に……79
8 昇り龍や昇り鯉、ご来光の絵や写真を飾る……80

オフィス
1 ミリオンバンブーで出世運アップ！……82
2 角がある小さめの鏡を飾り、人脈を良くする！……83

3 パソコンのデスクトップを整理しよう！……84
4 金属製のオフィス用品や文具で金運アップ……85
5 オフィスにあると金運を下げる物って？……86
6 龍神は丸・勾玉・渦・雫形などの形が好き……87
方位をさらに意識すると風水パワーアップ！……88
COLUMN 2 お金をブロックしない……96

PART 3 やったほうがイイ！ 龍神風水【自分編】

あなたの「運」は、あなた自身を開いて、鍛え上げる……98
習慣
1 自分探しをやめて、自分を知る……100
2 自分中心の視点をやめ、宇宙視野から見る……101
3 他者と比べず、自分の個性に気づこう……102
4 グラウディングの呼吸で循環を良くする……103
5 体を温めて「水」の気を良くしましょう……104
6 陰陽両方を学び、中庸へ向かう……105
7 相手に期待せず、自分自身に期待する……106
8 相手に理解を求めない……107
9 自然との一体感を感じる時間を持とう……108

10 一人の時間を大切にしよう……109
11 1時間だけ早く起きよう……110
12 腸活をしてお金の土壌を整えよう……111
13 自分だけのサンクチュアリを部屋に作ろう……112
14 ガーデニングで「土」のパワーを頂く……113
15 ラベンダーとピンクを意識すると幸福感アップ!……114
16 ネガティブな気持ちはあえて抑えない……115
17 とことんやり切ったら、あきらめる……116
18 目標は持たないでビジョンを持とう……117
19 「無価値の恐怖」にとらわれない!……118
20 特別になろうとしない。自分はもとから特別な存在……119
21 深呼吸や瞑想の時間を持とう……120
22 クリエイティブに生きて第六感を研ぎ澄ませる……121
23 神社ではお願い事をしてもイイ!……122
24 1週間に一度、公共のために良いことをする……123
25 手帳やSNSで運の流れを管理し、未来の計画を立てる……124
26 100点を目指さず、70点くらいの成功例を増す……125
27 むやみやたらにパワースポットに行かない……126
28 私たちは「おかげさま」で生かされている……127
COLUMN3 愛新覚羅家の黄金の秘儀……128

PART 4

あなただけの龍神　守護龍占いで金運アップ

守護龍占いとは……130
天帝数1　金龍……132
天帝数2　黄龍……134
天帝数3　赤龍……136
天帝数4　紫龍……138
天帝数5　翡翠龍……140
天帝数6　黒龍……142
天帝数7　青龍……144
天帝数8　白龍……146
天帝数9　透明龍……148
お金を引き寄せるパワースポット……150
パワースポット巡りのルール……154

あとがき……156

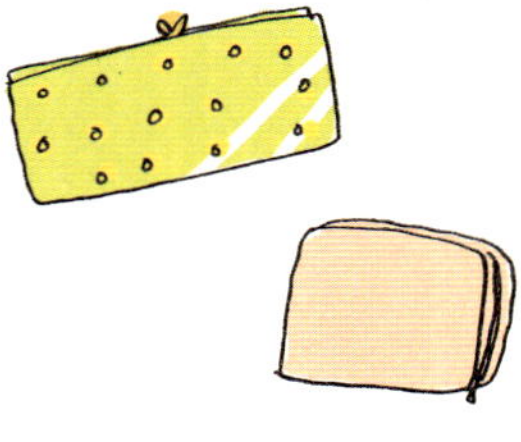

PART 1

今すぐ知ったほうがイイ！
龍神パワー

知ったほうがイイ！

龍神パワー

龍神とは、あなたの味方であり、守護してくれる存在

龍神パワーを知るためには、そもそも「龍神ってなに？」ということを知っておくことが大切です。まずは運命を好転させるためのウオーミングアップとして読んでみてください。

龍神は、古代中国の遼河《りょうが》周辺で生まれたといわれています。蛇やワニがモデルとされた神獣といわれ、それらが漢方薬や長寿薬として重宝されていたことから、神秘的な存在として、長く崇められてきました。

また、水の中、地の中に住むともいわれており、「雨、雷、池、海、川、」といった水に関する自然現象や、四季にそって天候を左右する自然神としても畏れられてきました。古代では雨が降らないときには、龍神や蛇を祀って雨乞いの祈祷をしていたといわれています。

風水では、龍神パワーと関連するように、「山の尾根、なだらかな傾斜、空気の流れ、川の流れ、地層や地下水の流れ」を「龍脈《りゅうみゃく》」と呼び、それらの気が一番充満するところを「龍穴《りゅうけつ》」として、そこに都や家を築くと栄えると考えられてきました。

つまり、**龍神というのは神獣であり、自然の「気」のエネルギーそのもの。**私たちと共存し、絶大な力で見守り、後押しをしてくださっている存在です。まさに、**あなたの運を一緒に鍛えてくれる強力な守護神！**特に、古くから金運、仕事運、ご縁を繋ぐ人脈運に大変長けており、目に見える成果をもたらす神力を持つとされています。

ただし、誰でも龍神にバックアップされるとは限りません。**龍神とつながり、味方につけてこそ、運気上昇が叶えられます。**

まずは、身近にたくさんの龍神が既に存在していることに「気づく」ことから始めましょう。「稲妻の形、山の形、水の流れ、広がる波紋、龍のような雲」など、龍神はあなたのすぐそばに息づいていますよ。

＼知ったほうがイイ！／

龍神パワー

龍神に愛され、つながり、サポートをもらえる人とは？

ここでは、実際に龍神のパワーにあやかり、金運はもちろん、自分自身の運気のパワーアップに成功した方々のエピソードを一部掲載したいと思います。龍神パワーの実感は今、多くの人に広がっているようです。

龍神パワーの体験談①

必要な分だけ、運んできてくれる

名古屋／K様

ゆうはん先生の龍神がテーマの講座に参加した数日後、息子の歯の矯正費の請求が……。幸運どころか今月は家計が厳しいと気落ちしていたら、突然、お義父さんから矯正費をまかなえるほどの現金をもらえたのです。こんなこと今まで一度もなかったのに奇跡！　さっそく龍神パワーにあやかることができ、「本当にいるんだ！」と信じられるきっかけになりました。

龍神パワーの体験談❷

徐々に売上が上昇

神戸／K様

サロンを起業して6年目、売り上げが下降気味で悩んでいましたが、龍神が好きな物や方位を意識してインテリアや自分自身を整えるようにしたところ、さっそく翌日に効果を実感することがありました。以前は定期的にいらっしゃってくださっていたのに、しばらくサロンの利用がなかったお客様から、またご連絡と依頼を頂くことに！ その後も毎日何かしらの依頼がくるようになり、徐々に売り上げが戻ってきています！

龍神パワーの体験談❸

仕事で大きな転機と昇格がありました

東京／O様

数年ほどずっと海外赴任を希望しており、まだかまだかとタイミングを待っていたときに、ゆうはん先生に相談する機会がありました。たまたま私が住んでいるところの氏神が龍神にまつわる神社だったので、龍神が好む部屋にしましょうとアドバイスを頂きました。できそうなことからさっそく実践。その2カ月後、海外赴任の辞令が！ 希望の仕事につけたことが本当にうれしいです。それから帰国時には、氏神参りもかかしていません。

龍神に愛される人の特徴

ここからは、「龍神」に愛され、サポートをもらうためにはどうしたらいいのか、また、すでに龍神を味方につけている人の特徴をお伝えしていきたいと思います。すごく特別なことをしているわけではありません。まずは次の３つを意識することから始めてみましょう。

1 素直である

この言葉だけをとらえると、純粋で単純で、なんでもYESと応えているようにも感じるかもしれませんが、龍神に愛される「素直」というのは、「疑わない」という意味です。人は幸せを目の前にすると不安になることがあります。良いことがあれば、きっとその先には悪いこともあるんじゃないかと、今ある幸せを疑うことも……。素直であるのはとても単純なことなのですが、これが意外と難しいもの。素直さは、龍神に愛される第一関門だと思ってくださいね。

2 即実践、即行動

これまで多くの方の悩みの相談にのってきましたが、開運速度が速い方というのは「即実践、即行動」している方ばかりでした。龍神は行動力があり、有言実行できる人をサポートすることが大好きです。片方がやる気があっても、もう片方がやる気がなければ、強力なタッグは組めないですよね。決してマイペースが悪いということではありませんが、現状を打破したい、今よりももっと進化したいという人は行動あるのみ。自信にもつながります。やらないで後悔するよりも、やったほうが学びの収穫も大いにありますよ。

3 自分らしく生きていること

何も特別な何かになる必要はありません。そのままのあなたでいてください。日常生活が平穏無事にできている、喜怒哀楽があり、自分らしさがある人間を龍神は好みます。人は、つい誰かと自分を「比べる」ということをしがちです。「あの人は特別なものを持っているから成功するんだ」などと比べるのではなく、自分らしく生きることで龍神は寄り添ってくれるようになります。

\知ったほうがイイ!/
龍神パワー

龍神を味方につけ、お金を引き寄せる龍神風水

本書でお伝えするのは、絶大なる龍神パワーを味方につけながら、お金と全体の運気を上昇させる風水を掛け合わせた、「龍神風水」です。ただし、ここでいう風水とは、一般的なものとは少し異なります。

通常、風水と聞くと、方位を気にしたり、方位に適切なアイテムを置いたり、掃除をして整理整頓したり……、といったイメージがあると思います。もちろん、これらのように環境を整えることは大切です。しかし、どんなに家をキレイにしても、ラッキーアイテムを置いても、お金が突然舞い込んでくることはないでしょう。風水とは、実はそんな単純な話ではないのです。

本書で紹介する、**ゆうはん流風水は、「住環境を整えること」さらに「自分自身を整えること」、この二つで引き寄せ力をアップさせ、開運速度を早めていくもの。**

すごく簡単に説明すると、風水というのは「気」を整えることです。でも、せっかく部屋の気を整えても、その部屋の主人の気が滞っていたら、良い気を取りこめません。環境は人に影響を与えるといいますが、与えられる人の準備が整っていなかったら、良い気は循環できないのです。風水を実践しても効果がない!と感じていらっしゃる方は、もしかしたらそれが原因かもしれません。ラッキーアイテムを部屋に置けばOK!ではなく、自分自身の気も整える必要があるということを意識してみましょう。

このように**「龍神パワー」×「住環境を整える」×「自分を整える」のトリプルタッグで金運はもちろん、運命のバックアップをする**のが龍神風水なのです。

まず、PART2で部屋の整え方をお伝えします。「金運」に重要な場所順になっているので、時間がない人はP.24の「玄関・廊下」から実践していきましょう。PART3では、自分自身の整え方を詳しくお伝えします。途中、龍神に好かれる方法も盛り込んでいくので、ぜひ取り入れてみてください。

COLUMN

1

龍の子孫「愛新覚羅家」

私は幼いころから、母方の祖先である「愛新覚羅氏」が龍の子孫であると教えられてきました。皇帝が座る玉座は「龍座」とも呼び、皇帝の顔は「龍顔」、その子孫は「龍種、龍の子」と呼ばれたそうです。そして皇后は「鳳凰」と呼ばれ、二つの神力が合わさって「龍鳳」となり、国は栄えるといわれてきました。つまり、龍＝地、鳳凰＝天で、天と地の統一を表すのです。このスピリチュアルなエネルギーで国を統治したといっても過言ではないでしょう。

そんな皇帝だけが唯一まとうことができた色が「黄色」でした。中国語の「皇」と「黄」は「huáng《ホアン》」と同じ発音をすることから、黄色は皇帝しかまとえない色として定着していきました。そのため、清朝を統治した皇帝の黄色の衣装は「龍袍（ドラゴンローブ）」といわれていました。また、龍の中でも「五本爪の龍」が最高位とされ、皇帝にのみ使用が許されていたそうです。

PART 2

やったほうがイイ！

龍神風水【部屋編】

\やったほうがイイ!/

お部屋編

風水で金運アップする理由

「陰陽」と「五行」とは?

風水で有名な例に「西側に黄色を置くと金運アップ」というものがあります。これは自然界のあらゆるものは「陰、陽」にわかれているという「陰陽説」と、5つの「木火土金《もっかどごん》水《すい》」という要素で万物は成り立っているという「五行説」とが一体化した、「陰陽五行説」という考え方からくるものです。

「陰陽」は、男と女、天と地、生と死、明と暗など、相対するものです。陰が悪く、陽が良いということではなく、どちらも必要なもので、中庸が良いとされています。

「五行」の5つの要素にはそれぞれ、生み出す関係の「相生《そうじょう》」、破壊する関係の「相克《そうこく》」があります。「相生」と「相克」の関係は、左上の図の通りです。例えば、「相克」してしまう火と水を組み合わせると運気は下がります。逆に、「相生」する水と木を組み合わせると運気は安定してくるのです。「相克」

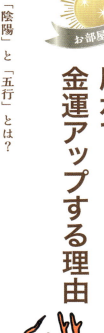

五行説を表す図

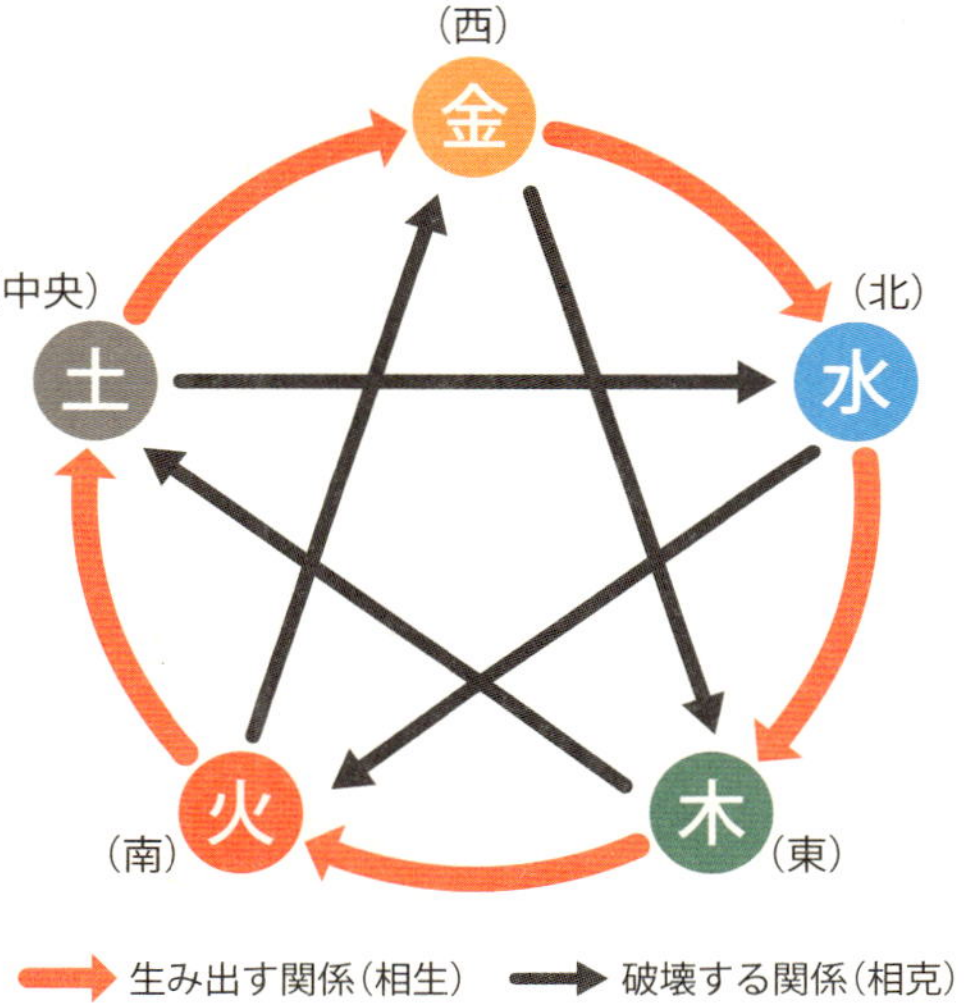

相性

水を吸って木は育ち、
火は木によって勢いが増し、
燃えた灰は土の養分になり、
土の養分が固まり金を生じる。

相克

水は火を消し、
木は土の養分を吸い根をはる、
火は金を溶かして抑制し、
土は水の流れを止めて汚す、
金は木を切り落とす。

するものを組み合わせるときは、中和させる効果のあるものを加えると（火と水の場合は木)、不安定な気が整います。これら「陰陽」と「五行」の関係をうまく利用していきましょう。

五行の「金」のエネルギーは、金運をつかさどっています。西側は、その金のエネルギーが流れるところ。つまり、西側に相性の良いカラーや素材を置いたり、身につけたりすることで金運アップにつながるのです。ただし、それだけではお金持ちにはなれません。お金は、人や社会とのご縁のつながりでやってくるもの。そこをさらに整えることが必要です。

やったほうがイイ!

玄関・廊下

玄関・廊下は、外からの邪気と良い気が両方入ってくる場所。まずはこの場所を整え、邪気を祓って良い気を部屋の中に入れましょう。

鏡を置いて邪気を跳ね返す!

玄関は明るくきれいに!良い気を入れる条件

表札を飾って龍神を招き入れる!

水槽や水に関連する物を置くと龍神を呼びこめる!

玄関・廊下 1

UP

鏡を置いて邪気は絶対に家に入れない！

やったほうがイイ!

鏡は外から入ってきた邪気を、玄関で跳ね返すための必須アイテム。大きさや形は好みの物でOKですが、オススメは八角形の鏡。八卦鏡《はっけきょう》（風水の専門道具）にも通じる形で、邪気祓いのパワーは最強です。左右の壁にかけるか、下駄箱などの上にドア側に鏡面が向くよう設置しましょう。ただしドアを開けて入るときに自分の顔や姿が映りこまないように。力が強く、良い気も祓ってしまいます。

鏡が苦手だったり、どうしても置けない場合は、八角形の小物でも構いません。素材はガラスや反射効果がある物が◎。

玄関・廊下 2

UP

清潔な玄関で開運の準備を万端に！

やったほうがイイ！

玄関は「気」の出入り口。入ってすぐ荷物が置いてある、靴が散乱している、暗く湿気がある……、そんな状態では良い気がやってきても、玄関に入るやいなや、すぐに出ていってしまいます。まずは、良い気が喜ぶキレイで明るい玄関にしましょう。

たいていの日本の家の間取りは東南、南、南西にリビングやメインルームがある設計。玄関は自動的に北、北東、北西の場合が多いです。北側はもっとも寒く、じめっとしやすい場所。小まめに掃除し、湿気対策を心がけましょう。

玄関・廊下 3

UP

玄関の表札で龍神を招き入れる

良い気とともに、龍神も家に招き入れたいもの。そのために必要なのが、表札です。

まずは龍神が祀られている神社でお参りをしてフルネームと住所を伝えておきましょう。龍神は、誰がどこにいるのかを知るのにその人の「名前の音の響き」で認識するため、もし防犯やプライバシーの面で問題がなければ、表札を飾ることで龍神を招き入れやすくなるのです。表札は漢字、ひらがな、カタカナ、ローマ字、どれでもOKです。あなたが住んでいる家に龍神を招き入れ、鎮座してもらえればご加護が得られるでしょう。

やったほうがイイ！

玄関・廊下 4

UP

玄関をライトアップしてお金を招く！

やったほうがイイ！

暗く光が届かない玄関をよく見かけますが、全ての運の入り口である玄関が暗ければ、金運だけでなく、そもそもの全体運が落ちてしまいます。玄関は明るくして、運気を上げましょう！　照明をつけたり、増やしたりして玄関全体をライトアップするのが理想的ですが、コンセント口がなかったり、電気代が気になる方は、ＬＥＤキャンドルを飾ってみましょう。反射率の良い白い壁紙や、白いインテリアグッズを用いるのも◎。対策が難しい人は、気分が明るくなる絵などを飾るだけでも良いでしょう。

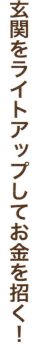

玄関・廊下 5

UP

置いちゃダメ！金運ダウンのNGアイテム

浪費やお金が貯まらない要因になるのが、財布を玄関や廊下に置きっぱなしにすること。これは絶対にNGです。現金や預金通帳なども置かないようにしましょう。また、カッターやハサミなどの刃物を玄関に置くと金銭トラブルに巻きこまれやすくなるので注意。他にも、生物や食べ物、スーパーなどで購入した物を置きっぱなしにすることは金運を腐らせ、犬など吠える動物の置物は、良い気を追い払ってしまうので避けましょう。濡れた傘や靴をそのまま置いておくのもNG。湿気や水分は、金運ダウンにつながります。

やったほうがイイ！

UP

水槽や「水」を感じるインテリアでお金を呼びこむ

やったほうがイイ!

水は金運に大変良い象徴です。水に関する小物やインテリアで玄関を飾ると、金運アップに効果的。動く水や、流れる水は、風水で「循環」を表すと考えられているためです。

特にオススメしたいのが水槽です。小さくても良いので、金魚やメダカなど、うろこがキラキラした魚を飼うとさらに吉。水槽を置くことが難しい場合は、「水」を感じる写真を飾ったり、水晶やガラスなど、透明感のある素材の物を飾っても。卓上ファウンテン(ミニ噴水)を置き、水の音を玄関に響かせると最高です。

玄関・廊下 7

UP

壁を飾るときはS字を意識！

やったほうがイイ！

風水の「気」はS字を描くように流れるといわれています。玄関から廊下にかけて、写真や絵画、ポストカードなどを飾るときは、S字を横にした形になるように配置しましょう。上、下、上、下と高さを変えて交互に、お金の気が部屋に流れ込む道筋をつくるようなイメージで飾ります。

このとき、飾る枚数は奇数がオススメです。フォトフレームは金属、プラスティック、ガラスなどが相性バッチリ。飾るモチーフは、人物や家族写真だと、邪気を吸い、家主に災いをもたらすので注意。

玄関・廊下 8

やったほうがイイ!

玄関の方位別! 金運アップカラー

お金の出入り口でもある玄関には、方位ごとにオススメのカラーがあります。玄関マット、スリッパなどに取り入れてみましょう。

北側の玄関は「陰」の力が強いので、「陽」のカラーである「レッド、オレンジ、イエロー」、南側の玄関は「陽」のエネルギーを循環させる「ブルー、ピンク、ラベンダー」、東側の玄関は「縦」のエネルギーなので成長を促す「グリーン、ターコイズブルー、レッド」、西側の玄関は「横」のエネルギーなので貯蓄を安定させる「ホワイト、アイボリー、ゴールド」が良いでしょう。

北	レッド、オレンジ、イエロー
南	ブルー、ピンク、ラベンダー
東	グリーン、ターコイズブルー、レッド
西	ホワイト、アイボリー、ゴールド

北側の玄関なら……

UP

「漏財宅」からお金を逃さない！

玄関を入った直線上に窓がある家を、風水では「漏財宅《ろうざいたく》」といいます。これはせっかく良い気が玄関から入ってきても外に漏れてしまう間取りで、このような家に住んでいる人は浪費グセがあったり、お金の管理が苦手だったり、貯蓄ができないなど、金運における運気が漏れがちです。

間に扉があれば閉める、窓にレースカーテンをつけるなどして、良い気を外へ漏らさないように遮断しましょう。可能であれば、パーテーションや背が高めの観葉植物を置いてみるのもいいでしょう。

やったほうがイイ！

玄関・廊下 10

UP

龍神は縦方向や、縦長の物が好き

龍神は「昇龍」という通称もあるように、縦方向が得意です。縦は昇る、成長、発展、転機、覇気などの「気」が上昇する象徴でもあるので、縦長のモチーフの物をインテリアにしたり、身につけると良いでしょう。

玄関や廊下には、縦長につり下げるサンキャッチャーがオススメ。観葉植物、花などを飾るのも良いでしょう。縦長のキャンドルや燭台など、昇っていくようなイメージのものを意識して飾ると、龍神にとって心地良い環境を作ることができます。

やったほうがイイ!

玄関・廊下 11

UP

お金は、柑橘系の色と形が大好き！

金運アップには、開運パワーフードであるオレンジ、レモン、グレープフルーツなどの柑橘系の果物がオススメです。果実の形がお金に似て丸いことや、お金が好きなイエローやオレンジ色であるということもあり、お金と柑橘類は相性が良いといわれているのです。

ただし玄関に生の果物を置くのはＮＧ。金運が腐ってしまいます（P. 29）。柑橘類の絵やポストカードを飾ることで代用を。また、お金に好かれるために、柑橘系のお香を焚いたり、芳香剤を置いてみるのもいいでしょう。

やったほうがイイ！

玄関・廊下 12

UP

やったほうがイイ！

龍神が好きなフレグランスは桃の香り

幻の国で「桃源郷」や「シャングリラ」という言葉を聞いたことはありますか？　中国では、仙人や仙女が住む、桃の林があるといわれています。そして、仙女の使いでもある龍神は桃が大好物。ですので、桃の香りのフレグランスやお香などを焚いて、部屋を桃源郷のように演出すると良いでしょう。

桃の香りが好きではない人は、桃の絵や写真、置物などを飾ってみましょう。玄関や、南側・西側の部屋にぴったりです。古来から不老長生の象徴である桃の花を飾るのも、龍神を喜ばせるもてなしになります。

やったほうがイイ!

トイレ

水場であるトイレ。湿気や暗さがある場所でもあるので、明るくして、除湿対策を心がけましょう。ここが整うと金運がぐんと上がります。

負を流すトイレで長居は厳禁!

床には物を置かずにスッキリと!

湿気対策をしてお金を腐らせない!

高級感のある色、素材で統一して金運強化!

トイレ 1

UP

湿気対策をして、お金が腐るのを防ぐ！

やったほうがイイ！

風水で最も大敵とされるのは湿気です。特にトイレは湿気が抜けにくい小さな空間。湿気のこもったトイレは金運を腐らせ、お金が貯まりにくい負のループへとまっしぐら！日本はもともと湿度が高い国なので、対策を徹底することが大切です。

湿気対策には、電気代はかかりますが換気扇をまわしっぱなしにして、湿気を外へ逃すのが一番。除湿剤や炭などをトイレに設置するのも効果的。トイレの湿気対策をケチらないことが、巡り巡って金運アップにつながるポイントなのです。

トイレ 2

UP

トイレの床には物を置かず、スッキリさせる

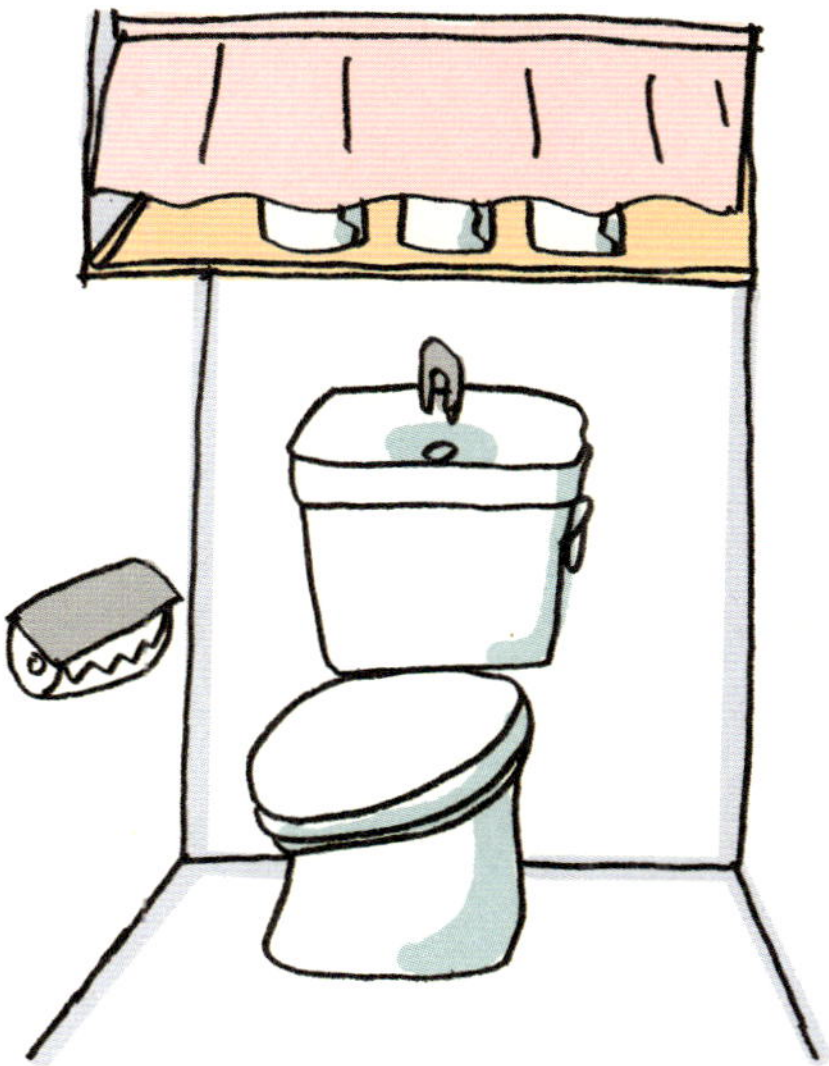

やったほうがイイ！

風水では、「陰」の気は床に蓄積されるといわれています。金運アップに大切なトイレの床に物を置いてしまうと、金運は急降下！　本や雑誌、掃除道具など、収納できる物はできるだけ収納して、床に何も置かないようにしましょう。

トイレに収納がない場合は、突っ張り棒で簡易の棚を作るのがオススメです。西側にあるトイレは他のトイレよりも影響を受けやすいので、可能な限り物を置かず、シンプルにしましょう。ただし、スリッパやトイレマットは床に置いてもOKです。

トイレ 3

UP

やったほうがイイ!

トイレのフタは閉め、シールを貼って、浪費を防ぐ!

トイレが終わったら、毎回フタを閉める習慣をつけましょう。トイレのフタが開けっぱなしだと、常に水が溜まった状態で湿気のもとに。これが金運を腐らせ、浪費させる気へと転じてしまうのです。

トイレの「陰」の気を封じるためには、黄色いシールをトイレのフタの裏の中心あたりに貼ります。文具店やホームセンターで売られている、黄色い丸い形をしたシールがオススメですが、ひよこや黄色の花など、丸みのあるシールならＯＫです。黄色には邪気を封じ込める、悪い気を祓う力があります。

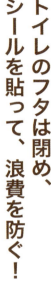

トイレ 4

UP

トイレの方位別！　金運アップカラー

玄関の次に、金運アップに大切なトイレ。水場が整っていないと金運は下がる一方です。

北側のトイレは「陰×陰」なので、「陽」を入れるために、「陽」のカラーである「ピンク、ホワイト、ゴールド」、南側なら「陽」のエネルギーを活かす「オレンジ、グリーン、アイボリー」、東側なら発展を促す「レッド、ブルー、シルバー」、西側なら、まさに「金」の方位なので散財を防ぐ「パープル、ペールベージュ、パステルイエロー」、これらのカラーを取り入れたマット、カバー、スリッパ、芳香剤などをトイレに置きましょう。

やったほうがイイ！

北	ピンク、ホワイト、ゴールド
南	オレンジ、グリーン、アイボリー
東	レッド、ブルー、シルバー
西	パープル、ペールベージュ、パステルイエロー

南側のトイレなら……

トイレ

トイレ 5

UP

黄金のトイレにして金運強化！

トイレには清潔感が不可欠ですが、高級感やラグジュアリー感を出すと、さらなる金運強化へと導いてくれます。

ゴールド、イエロー、アイボリーはお金が好むカラーの代表。これらを方位に限らずトイレ用品のメインカラーとして取り入れると、ぐっと金運が強化されます。トイレ用品の素材は、キラキラしていたり、光沢があったり、ツヤ感がある物でそろえるとさらに良いでしょう。陶器、ガラスなどもオススメです。スリッパも布地ではなく、光沢のある革素材でリッチ感を出すのも良いでしょう。

やったほうがイイ！

トイレ 6

UP

鏡をかけて邪気を祓い、金運・仕事運アップ！

トイレは邪気の溜まり場といっても過言ではありません。邪気を祓うために小さめの鏡を飾りましょう。

金運アップのためにはトイレに入って左側に飾り、仕事運アップのためには右側に飾ります。飾る高さや位置も重要です。自分の身長よりも若干高めで、できれば人が映らない位置に設置しましょう。鏡の形は自由ですが、丸、オーバル、八角が特に良く、枠の素材は金属、プラスチック、ガラスがオススメです。小まめに磨いていつもキレイにしておきましょう。

やったほうがイイ！

トイレ 7

UP

龍神が好きなガラスや陶器素材を取り入れる

光を集めて放つサンキャッチャー、クリスタル、鏡、陶器の光沢とツヤ。このように映ったり、反射したり、キラキラと光を放つ物が龍神は大好物で、それらを縫うように行き来します。暗くなりがちなトイレにこれらの物を飾ると、明るくなり、より良いでしょう。

形は円形、オーバル、多面体、八角などのコロンとした物が◎。ガラスと鏡、陶器とガラスなどの映し出す物同士を組み合わせて置くのも吉です。ただし、鏡は合わせ鏡にならないよう注意しましょう。

やったほうがイイ!

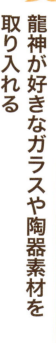

トイレ 8

UP

トイレに長居をすると貧乏神に好かれちゃう！

子どものころ、トイレで漫画を読んだりゲーム機をいじっていたりすると、私の風水の師匠でもある母に「長居すると貧乏神に好かれるわよ！」とよく怒られたものです。トイレは負を流す場所なので、浄化の場として保つためにも長居は禁物です。

また、「陰」と「水」の気が充満するトイレと「紙」の相性は、実はとても悪いもの。本や雑誌、カレンダーなどは置かないようにしましょう。トイレットペーパーは使うぶんだけ出しておき、あとは棚などに見えないように保管してください（P.39）。

やったほうがイイ！

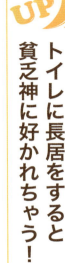

やったほうがイイ!

お風呂・洗面所

湿気が多く、水垢など汚れやすい場所。換気と小まめに磨いてピカピカにして、金運アップを目指しましょう。

湿気や水気を残さないことで貯蓄運アップ!

排水溝が詰まると金運がダウン!

入浴剤で自然をイメージしてお金の巡りをアップ!

鏡やバスタブを磨いてピカピカにして金運上昇!

お風呂・洗面所 1

UP

ガラスボトルはお金と相思相愛！

ガラスは金運アップにつながるアイテム。透明感があって繊細なガラスは、お金との相性が抜群です。シャンプーやリンスのボトルをガラス素材の物に移し替えてみましょう。角ばったタイプのデザインより、丸みがあり、コロンとしたデザインの物を選ぶとより良いでしょう。

ただし、風呂桶や椅子など、ガラス素材を選べない物は、プラスチックなどの軽めの素材で透明感があるデザインを選びましょう。カラーは、透明感のあるペールブルーがオススメです。

やったほうがイイ！

お風呂・洗面所2

UP

珪藻土《けいそうど》のバスマットで貯蓄運アップ！

やったほうがイイ！

バスマットには、早く乾くマイクロファイバー、綿、麻などさまざまな素材のものがあります。好きなものを使ってかまわないのですが、お金との相性を考えればケイ素含有の珪藻土を使ったバスマットがオススメです。

珪藻土素材は植物性プランクトンが化石化したもの。乾きが早く、洗う必要もない天然の土からできています。本来「水」と「土」は五行循環では相性が相克になるのですが、この珪藻土は吸放湿性が高く、火にも強い性質をもっています。湿気や水気を残さず、貯蓄運アップにつながります。

お風呂・洗面所 3

UP

排水口を詰まらせると即金運ダウン

お風呂や洗面所に限ったことではありませんが、特に水場で排水口を詰まらせると金運が一気にダウンします。排水口を詰まらせる一番の原因は髪の毛だと思いますが、人の髪の毛は不浄なものを吸っているといわれます。髪の毛がたくさん詰まったまま放置していると、不浄なものが空間にあふれてしまうのです。

最近、無駄遣いが多いなど、浪費に心当たりのある方は、排水溝のお掃除をしましょう。普段から小まめに詰まりを取り除き、キレイに保つとお金を引き寄せられます。

やったほうがイイ！

お風呂・洗面所4

UP

ブルーやグリーンの入浴剤でお金を呼びこむ！

お風呂用品で金運を招くカラーといえば、ブルーやグリーン。その中でも濃いカラーではなく、淡くクリアなブルーやグリーンがオススメです。

お風呂用品はもちろんですが、入浴剤にそのカラーを取り入れるのもひとつのアイデアです。お湯の色がブルーやグリーン系になり、海や森林の香りのするものが良いでしょう。ゆっくりとつかりながら、広大な海や壮大な大地、爽やかな森林にいるようなイメージをすると、お金の巡りもあなた自身の血行も良くなるでしょう。

やったほうがイイ！

お風呂・洗面所 5

UP

黒や茶系のカラーはお金との相性×

やったほうがイイ！

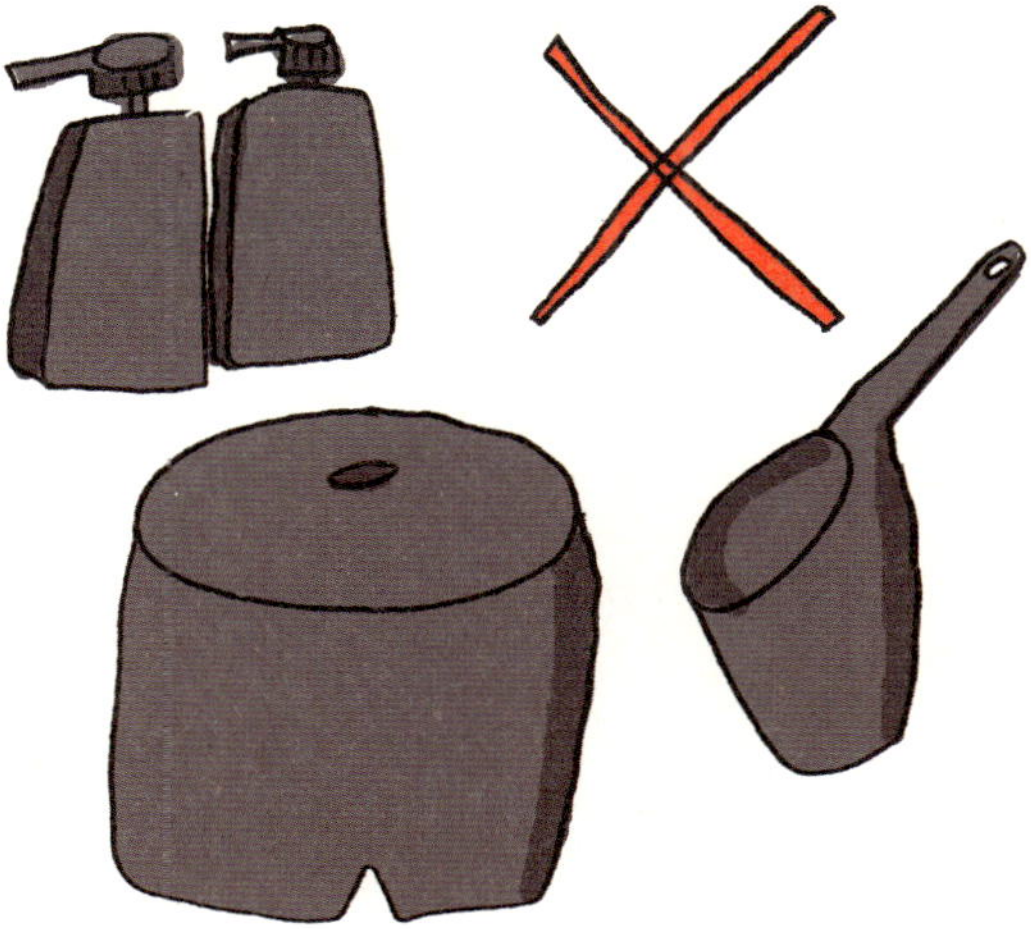

風水において、水は色でいうと「黒」を指します。お風呂や洗面所で黒を使うと黒×黒になり陰に偏ってしまうので、黒っぽい物はできるだけ減らしましょう。

また、茶系は「土」をイメージさせます。五行思想では「水」と「土」は互いを腐らせる対立の相性なので、茶系の物が多いのもNG。お金との相性が悪いどころか、お金を腐らせる組み合わせ。対立を助長するような組み合わせは素材だけではなく、カラーでも取り入れないことです。お風呂・洗面所だけでなく水場全体でも気をつけましょう。

お風呂・洗面所 6

UP

磨いて光らせてお金を引き寄せる！

やったほうがイイ！

鏡、ステンレス部分、バスタブなどが垢や石灰、または水滴が乾いたようなシミで曇っていたり、汚れていたりしませんか？ 光が反射したり、何かを映し出したりするところが汚れていると、金運の良し悪しが左右されます。お風呂場や洗面所に入ったときに、キラッと、ツヤッと、輝いて見えるのがベスト。

水場は毎日使うところでもあるので、使ったら水分を拭き取るなどして常にキレイにしておきましょう。できる限りでかまわないので、曇り、シミ、汚れを取りのぞくように努めてみてください。

お風呂・洗面所 7

UP

お金を腐らせる「じめっ、もあっ、ぬるっ」を防ごう

やったほうがイイ！

水場は毎日使う場所。お風呂場、洗面所、洗濯機など、水をたくさん扱う空間は、ちょっと手を抜いただけで「じめっ」とした湿気が充満します。湿気があるだけで金運はダウンしてしまうので、お金の大敵である「じめっ、もあっ、ぬるっ」の三拍子を減らしましょう。カビや細菌を防ぐこともできます。

換気扇を常につけたり、部屋干しをされている方は扇風機や除湿機を使って湿気を取りのぞきましょう。シャンプーなどのボトルの底は「ぬるっ」としがちなので、お掃除を忘れずに。

やったほうがイイ!

キッチン・ダイニング

相克する「火」と「水」が混在する場所。中和させる「木」のものを置いて、金運を上げましょう。

きれいな水を飲んで金運アップ体質に！

サビ、焦げは金運ダウンの合図！

フタつきゴミ箱で負のエネルギーをシャットダウン！

財布を置くと浪費や出費がかさむ！

キッチン・ダイニング 1

UP

キッチンまわりに「サビ」はありませんか？

キッチンだけに限らず水場ではカビとサビとの戦いがありますが、「サビ」は金運をダメにしてしまう怖い合図。水栓まわりやカトラリー、金属系のキッチン用具などにサビがないかをチェックしてみましょう。サビを落とすことができればそのまま使ってもOKですが、落とせない場合は思い切って捨ててしまう決断を。

サビ以外でも、鍋や五徳の「焦げ」や食器などの「欠け、割れ、ひび、折れ」なども、これぐらいならと使い続けないように。これら全てが、金運をダメにしてしまいます。

やったほうがイイ！

キッチン・ダイニング2

UP

換気扇掃除で金運の巡りを良くする

やったほうがイイ!

換気扇が設置してある場所は家の中にもいくつかありますが、キッチンの換気扇は大きめです。料理の臭いや飛び散る油などで常に換気扇をまわす必要がある空間なので、汚れるのは他の換気扇と比べても早いはず。小まめに換気をして金運を下げる臭いを防いでいくと同時に、換気扇そのものも月に1～2回は手入れをすると良いでしょう。

特にキッチンは「火」と「水」の相対する二つのエネルギーが合わさる場所なので、金運の巡りを妨げないように整えることがとても大切です。

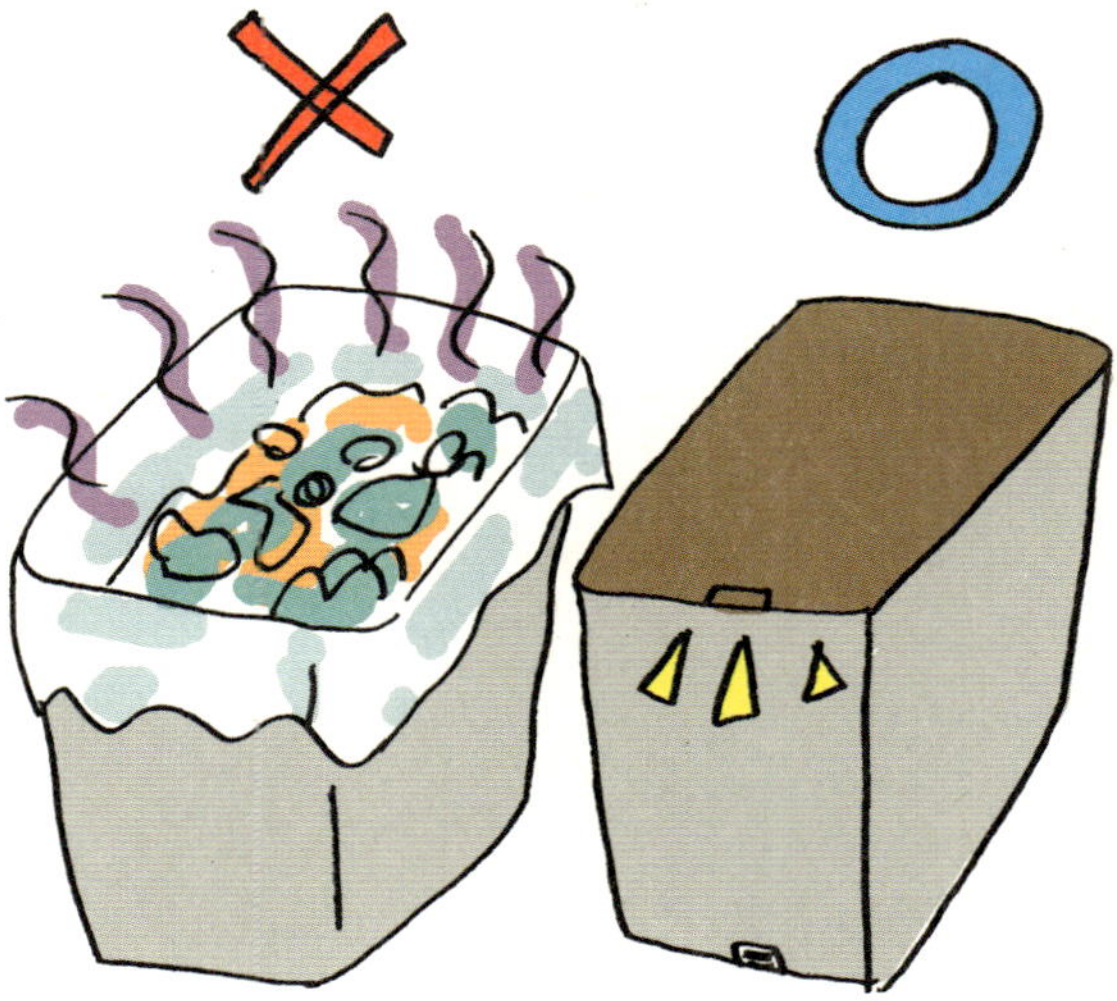

キッチン・ダイニング3

UP

ゴミ箱はフタつき・金属製が◎

風水で生ゴミは、排泄物と同じ扱いです。排泄物であればトイレにすぐに流せますが、ゴミの場合は回収日まで台所に置いておくことになります。

ゴミ箱は、しっかりとしたフタがついたものにしましょう。フタがついていないと臭いや負のエネルギーが部屋に広がってしまいます。素材はカビがつきにくい物であればプラスチックでも良いですが、金属製の物は金運と相性がいいのでさらにオススメです。ゴミは溜めこみすぎず、小まめに捨てるようにするとお金に好かれる環境になります。

やったほうがイイ！

キッチン・ダイニング

UP

「火」と「水」を中和させる「木」を意識する

やったほうがイイ!

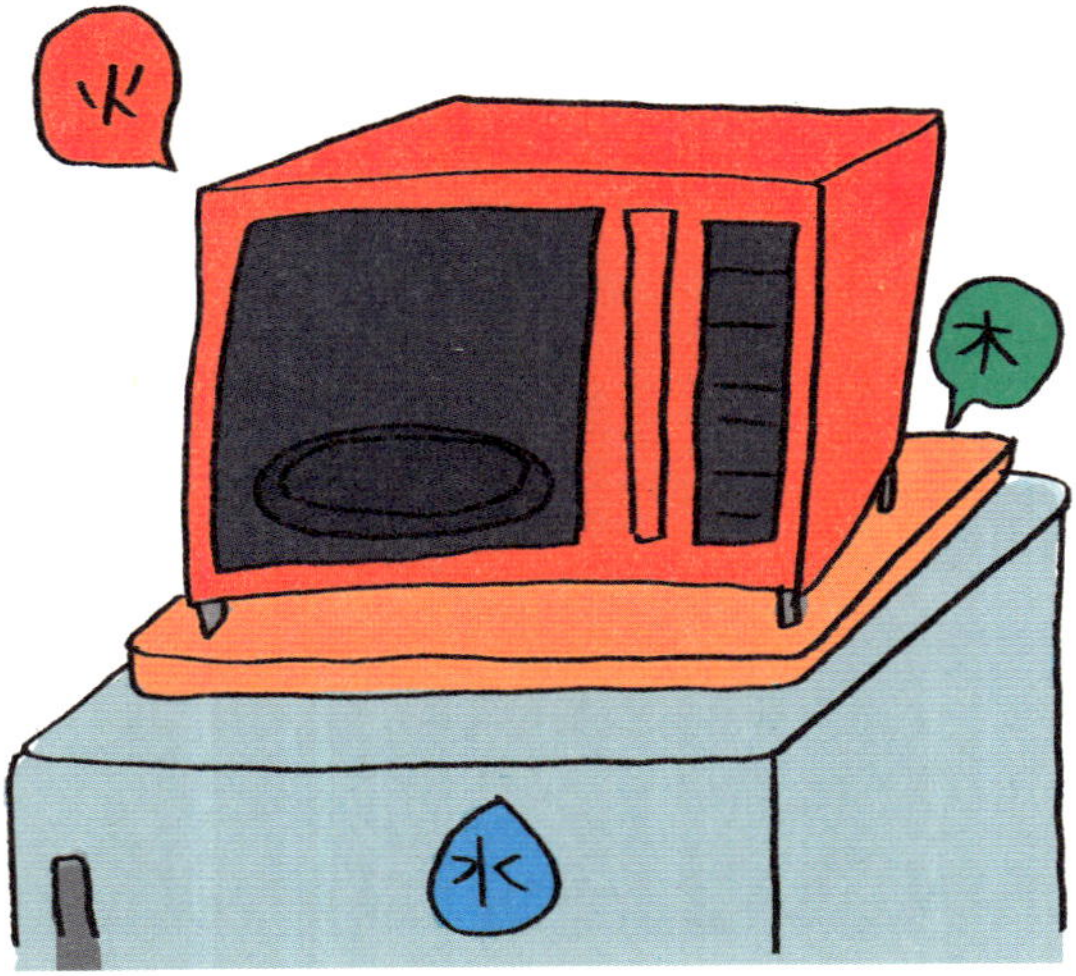

キッチンは「火」と「水」が相対する空間で、互いを打ち消し合ってしまいます。例えば、風水のルールでいくと「水」である冷蔵庫の上に「火」の電子レンジを置いてはいけないことになるのですが、狭い場所ではどうしてもその通りにできない場合も……。

そんなときは、「火」と「水」の関係を中和する「木」の力を借りましょう。例えば、電子レンジと冷蔵庫の間には木の板を挟む、シンクとコンロの間の空間には小さめの多肉植物や、日が当らなくても育つような植物を置くと良いでしょう。

キッチン・ダイニング5

UP

財布やお金関係の物は絶対に置かない！

玄関に財布やお金関係のものを置くのはNGとお伝えしましたが、「火」と「水」が相対するキッチンにも、お金を置くのはNG。浪費や出費がかさんで、家族全体の金運が下がることになりかねません。これは食卓のあるダイニングでも同じ。「食」と関係する場所には財布やお金関係のものを置かない、と覚えてください。

「買い物から帰宅してバッグに入れたままなら、これらの場所に置いても大丈夫ですか？」とよく質問を受けますが、これもNGです。保管はリビング、自分の部屋、寝室で。

やったほうがイイ！

キッチン・ダイニング6

UP

使い捨ての物を減らして、お金に好かれよう！

箸、紙皿、紙コップなど、食器からカトラリーまで使い捨てで便利な物が今はたくさんあります。でも、金運アップを願うのであれば、「使い捨て」の物はできるだけ減らすことをオススメします。

使い捨てるということは、それだけ無駄遣いをしているということ。何度も洗って使える物のほうが、当然経済的にも◎。ペーパータオルや台所フキンは衛生面を考えて使い捨てでも構いませんが、それ以外は長く使えるお気に入りの物をそろえて、大切に使う習慣をつけるとお金を招きます。

やったほうがイイ！

キッチン・ダイニング 7

UP

龍神はメタリック素材が好き

やったほうがイイ！

テカテカと反射する物、姿を映し出す物が龍神は好きです。隠れみのにしたり、それらと一体化してパワーアップすることもあるのです。だからといって部屋の中にメタリック系の物が増えてしまうと、好みでなかったり近未来的な雰囲気になり、過ごしにくくなってしまうことも。

オススメは冷蔵庫などのキッチンの電化製品、照明などでメタリック素材を取り入れること。また、文具、手帳、メイク道具、アクセサリーなどの小物でポイント的に取り入れるのも「アリ」です。

キッチン・ダイニング8

UP

キレイな水を飲んで金運アップ体質に

やったほうがイイ!

「水」と「金」は五行でも大変相性の良い組み合わせで、水場がキレイであれば金運良好!というのが風水の基本です。

ゆうはん流風水では、家の部屋や設備といった環境だけでなく、自分自身も環境に見立てて整えるところに着目をしています。ミネラルウオーターや浄水器などのキレイな水を飲むことで、金運アップ体質へ一歩近づくというわけです。最近では飲料水を購入する人も増えましたが、オススメは「水の気」が高い岐阜や霧島あたりの天然水です。

やったほうがイイ！

クローゼット

ひっそりとして冷たいところは、お金が大好きな場所。気持ち良くいてもらうために、クローゼットの中の整理をしましょう。

ほど良い隙間で
空気を循環！

3年以上
使っていなければ処分！

圧縮袋での収納は
お金を弱らせる！

一度着た服は
中に戻さない！

クローゼット 1

UP

やったほうがイイ!

隙間なく詰めこみすぎていませんか?

お金はひっそりとしてて冷たいところが大好きです。そのため、クローゼットなどの収納は「金運」を左右する大事な場所といわれています。閉めっぱなしにすることが多く、物を詰めこんでしまいがちな場所でもあるので湿気や「気」がこもりやすくなります。洋服と洋服の間隔を少しあけて収納したり、収納箱なども同じサイズの物をそろえると気の通り道である隙間を有効的に作れます。週に一度はクローゼットや収納を開けて、窓も開けて空気を循環させてあげましょう。時間は30分程度でかまいません。

クローゼット 2

UP

3年以上使っていない物が金運をガタ落ちさせる!?

クローゼットの中で3年以上使っていない物は「命がない」と思いましょう。お金をかけて購入したのに使っていないということは、物としての役割を果たせていない無駄遣い。金運ダウンにつながります。

また、3年間で数回しか使っていない物なども、役割が少ないということなので、処分を考えた方がいいでしょう。思い切って捨てるのもいいですし、古着屋さんに売る、寄付する、オークションなどに出品して役割を与えてくれそうな方に譲るなど、さまざまな方法を活用してスッキリさせましょう！

やったほうがイイ！

クローゼット 3

UP

金庫やジュエリーはクローゼットに入れる

やったほうがイイ!

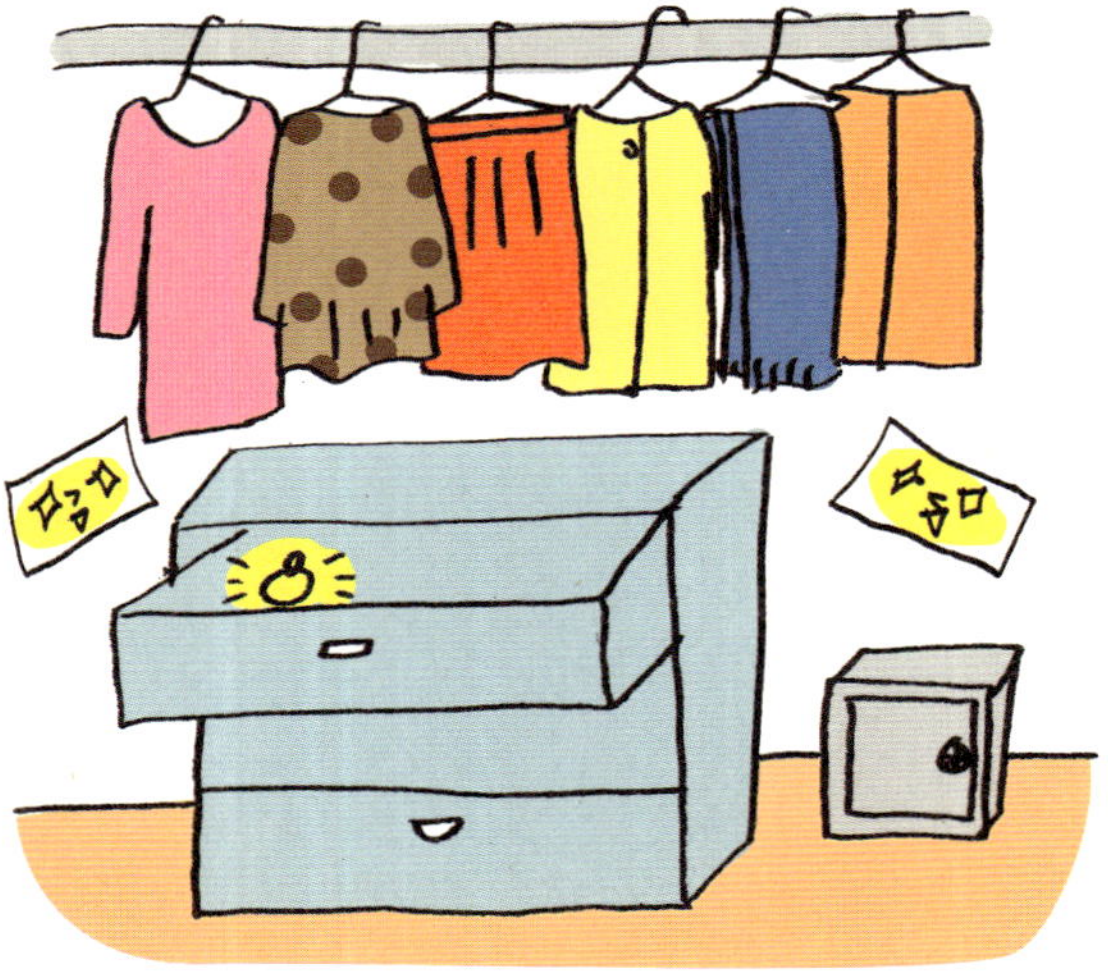

クローゼット①にもあるように、お金はひっそりとして冷たいところが大好き。金庫や高価なジュエリーを保管するには、クローゼットが最適です。

ジュエリーは、クローゼットの中でチェストや収納箱になどに入れて保管するのがいいのですが、できれば床から離れた一番上の引き出しに保管することをオススメします。床は不浄なものがたまりやすいので、衣服も下着などに関しては上の引き出しにしまうのが◎。使っていなかったり、まだ新品の財布なども同様にしまっておきましょう。

クローゼット 4

UP

一度着た服はクローゼットに戻さない

やったほうがイイ！

一度着たけどまだ洗わないからと、クローゼットにしまってまた着たりしていないでしょうか？　一度着た洋服は汚れていなくても、外出時のさまざまな邪気に触れています。それをキレイな洋服と一緒くたにしまいこむのはやめましょう。

お金を引き寄せるには、クローゼット外のハンガーラックにかけたり、クローゼット内でも、「着用済みだけれどまだ着られるものコーナー」を他のキレイな洋服とは離して作るなど、心がけてみましょう。

クローゼット 5

UP

布団や枕は圧縮しない。呼吸ができないと金運ダウン

やったほうがイイ!

布団や洋服などをクローゼットや押入れにコンパクトに収納するために、圧縮袋を活用している方も多いと思います。しかし風水では、圧縮したり空気を抜いての保管は「死んだもの、枯れたもの」と同じような意味合いを表すため、よくありません。お金が好む空間にそのようなものが置いてあると、金運ダウンに!

「通気性＝呼吸をしている」と見立てるので、どんなに大きくてしまいにくい物でも密閉しないよう、通気口があるもので保管しましょう。

クローゼット 6

UP

亀の置物やポストカードで貯蓄力アップ

やったほうがイイ！

貯金が苦手な人にオススメなのが貯蓄の守り神である「亀」です。クローゼットの中に亀の置物や亀のイラスト、写真やポストカードなどを飾ると貯蓄力アップに効果を発揮。

亀の置物は小さいもので構いませんが、陶器、ガラス、木材でできているものにしましょう。もこもこしたぬいぐるみはNGです。飾る場所は落として割れない場所ならかまいません。通常はクローゼットの床に近い場所は不浄とされていますが、亀の置物に限っては置いてもOK。カードも好きな場所に貼ると良いでしょう。

クローゼット 7

UP

車輪がついた物、一度でも履いた靴を入れない

やったほうがイイ!

ウオークインクローゼットや広めのクローゼットだと、衣服以外の物もたくさん収納できると思いますが、車輪がついた物や一度履いた靴は入れないように!

新品以外は「土足」と同じなので、外の邪気を取りこんだこれらの物と、他のキレイな衣類などを混ぜない方が得策です。浪費グセがある人たちのクローゼットには、よく靴の他に自転車やベビーカーなどが収納されています。仮に靴を箱に入れたり、車輪をカバーなどで覆ったとしてもNGです。靴は下駄箱、車輪がついた物は外に置きましょう。

クローゼット 8

UP

龍神は四季を感じる場所が好き

私が感じ取った、龍神の好きなことの中に「季節を感じるのが好き」というものがあります。龍神は季節ごとにパワーを変化させていくのだそうです。春夏は植物が芽吹き出すと同時に活発に動くようになり、秋冬は春夏に蓄えたパワーを消化して過ごします。これはまさに「循環」を表します。

龍神が心地良くなるようクローゼットの中は春夏物と秋冬物をきちんと分けて収納すると良いでしょう。

部屋を季節の花や、季節感を意識したインテリアで飾ることもオススメです。

やったほうがイイ！

やったほうがイイ!

寝室

お金に愛されるインテリア・家具で統一し、眠っている間に金運アップができるような寝室に整えましょう。

電化製品は少なめにして金運アップ!

パキラで金運と人脈運を上昇!

角の丸いインテリアはお金に愛される!

ドアや窓の近くに枕があると金銭トラブルに!

寝室 1

UP

角が丸いインテリアでお金に愛される部屋へ

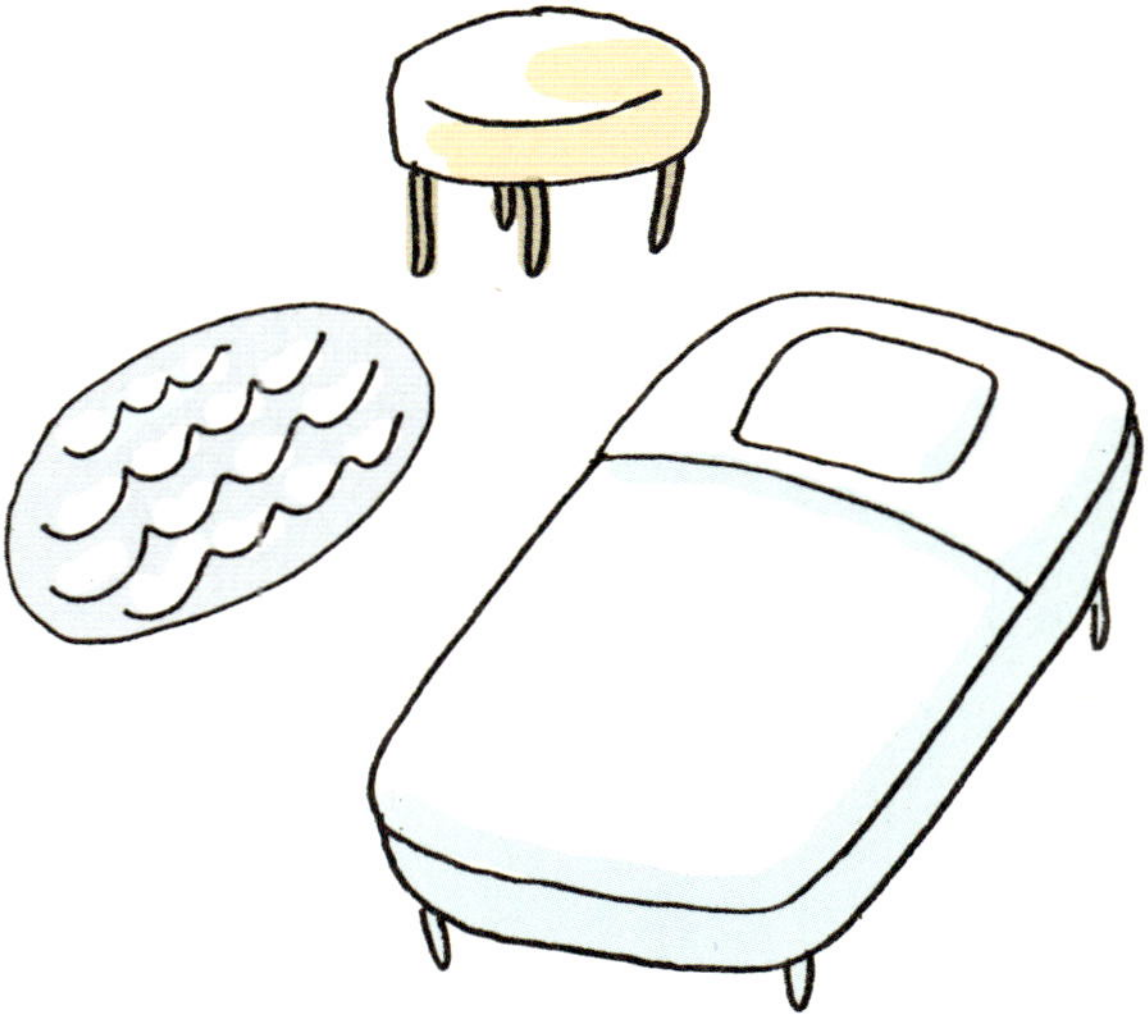

お金の形に似た「角丸」は、お金に愛されるインテリア。

ベッドフレームは角が丸く、柔らかい、優しい印象の木材や、落ち着いたシックなカラーの物が良いでしょう。土台が金属で作られたベッドも金運とは相性が良いのですが、少し重厚感があるため、明るめのホワイトカラーのものが◎。ベッド脇のローテーブルや絨毯、マットなども円形やオーバル型のものがオススメです。インテリア家具は統一感のある色や素材がいいので、意識してそろえてみましょう。

やったほうがイイ！

寝室

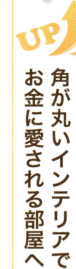

寝室 2

UP

生命力のあるパキラは金運・人脈運に効果あり！

やったほうがイイ！

パキラは「発財樹《はつざいじゅ》」や「money tree」と呼ばれ、財力を高める効果があるとされています。金運、仕事運、人脈運がアップし、豊かになるほか、リラックス効果もあります。比較的育てやすい観葉植物ですが、寝室に窓があれば、窓側に置いてあげると良いでしょう。強い「気」を発揮する特性があるので、枕元の近くには置かないほうが休まります。

万が一枯れるようであれば、その部屋の気が滞っている合図。パキラサインを見逃さないようにするのも、有効な活用法です。

寝室 3

UP

やったほうがイイ！

寝室の方位別！ 金運アップカラー

北側の寝室は最大吉の方角で、「水」の気なので相性の良い「金」の「ベージュ、アイボリー」で、光沢がある素材の物がオススメです。南側の寝室は「火」の気なので寝室としては凶相ですが、凶相を弱めるために「水と木」の「グリーン、ダークパープル」が良いでしょう。

東側の寝室は「木」の気なので、相性の良い「水」の「ブルー、ホワイト」を、西側の寝室は「金」の気なので、相性の良い「土」の「イエロー、ブラウン」を、寝具などに取り入れてみてくださいね。

北	ベージュ、アイボリー
南	グリーン、ダークパープル
東	ブルー、ホワイト
西	イエロー、ブラウン

東側の寝室なら……

寝室 4

UP

ドア開閉近くや窓下に枕や頭がくると金銭トラブルが！

やったほうがイイ！

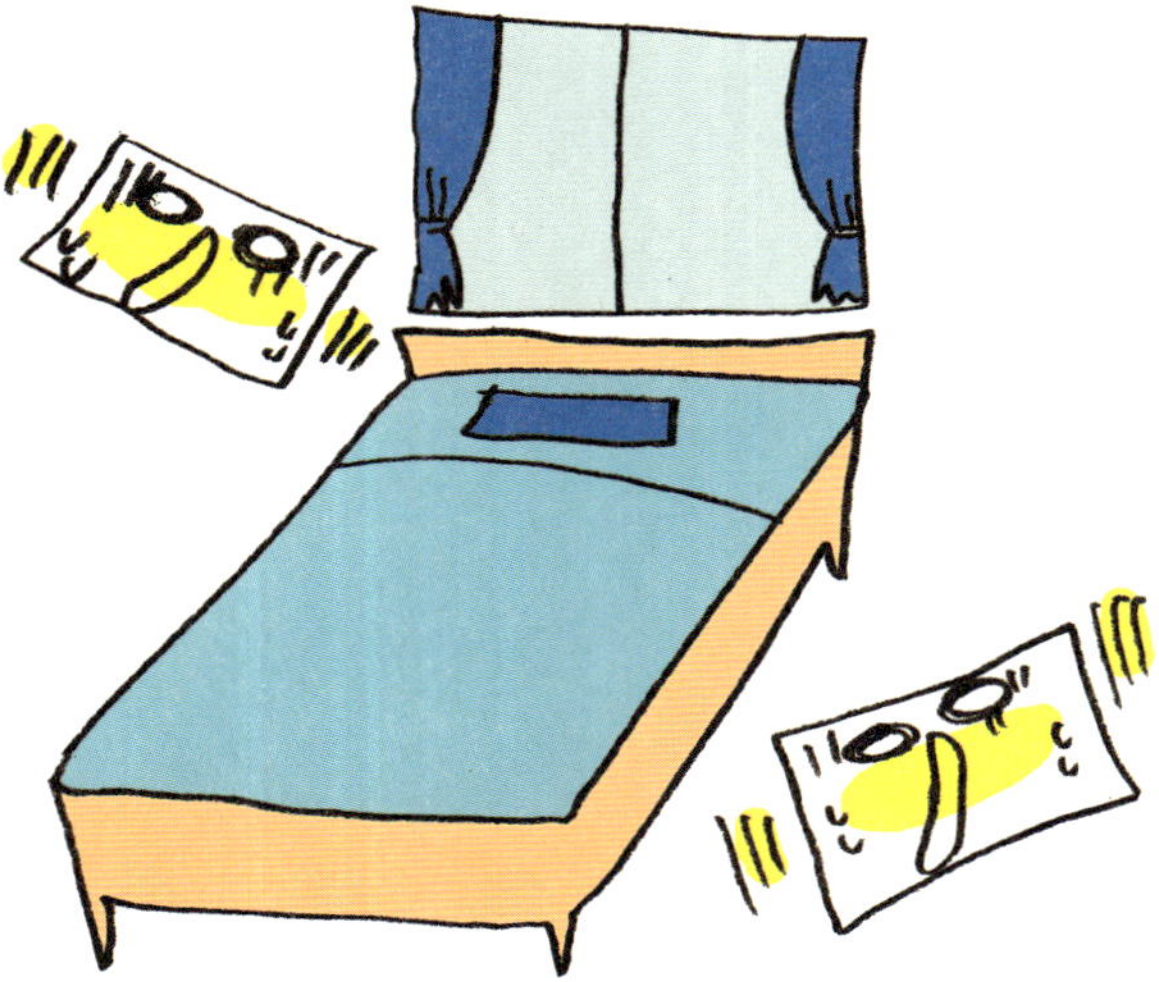

ドアのすぐそばや窓の下に枕がくるような配置は、風水的にはトラブルを生む凶相です。私たちがお金を生みだすための資本である健康面に影響があるとも……。これに当てはまらないようにベッドを配置しましょう。難しい場合は、パーテーションを活用してドアや窓下との区切りを作りましょう。

また、枕の位置は北、北西、北東の間に収まるのが吉です。人は寝ている間に「水」の気で心身が浄化され、頭から気を吸収します。そのほかの方位、東、西、南は、枕の位置にはあまり適していません。

寝室 5

UP

龍神が好きな音を取り入れよう

やったほうがイイ！

音に敏感な龍神は、静寂よりも自然の音が大好物。水滴が落ちる音、川のせせらぎや波の音、滝の音、水中で空気が発するコポコポとした音、雷や雨音、風の音、鈴や鐘の音、管楽器やパイプオルガンの音、竜笛の音など。特に高音、重低音が好きです。

実際に森林浴、海水浴、ダイビングに出かけたり、音楽鑑賞などで音を感じるのがオススメ。部屋で過ごすときはこうした音のＣＤを流してみましょう。安眠できますし、龍神も寄り添ってきますよ。

寝室 6

UP

龍神は北で休み、南で活発に動く

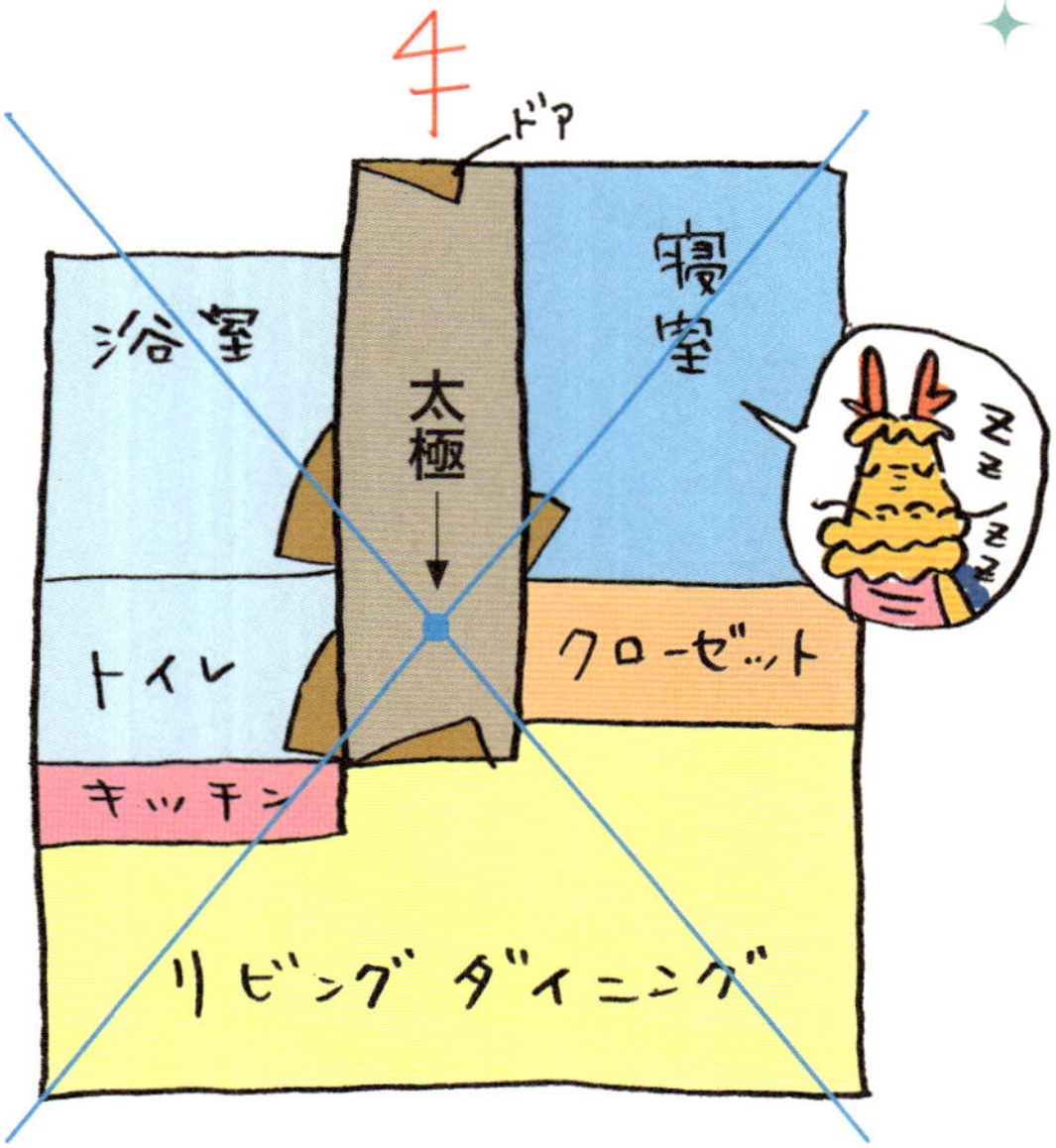

北の方角は、龍神が冷たく暗い祠で休む場所で、南側の方角は龍神が活発に動き、「水」を得る場所です。そのため、寝室や落ち着けるスペースを部屋の北側に作ると吉。南側は明るく、ゆったり優雅に、気が循環する空間にするのが良いでしょう。

家の中心である「太極」は気が充満したおへそというイメージ。ここに一切物が置いていない状況であると龍神は喜びます。トイレなどの水場があったり、収納やクローゼットがある場合は、イエローやゴールドのものを置きましょう。

やったほうがイイ!

寝室 7

UP

たくさんの電化製品は金運が不安定に

やったほうがイイ！

部屋にはそれぞれの役割があります。寝室はもちろん就寝する場所。心身ともに休まるところにしたいので、極力、電化製品を減らすようにしましょう。

電磁波やスマートフォンのブルーライトは交感神経を高め、良質な睡眠を妨げるもとに。ベッドまわりの電化製品を減らし、テレビが寝姿を映す場所にあれば、布をかけましょう。

人は太陽が昇ったら目覚める本能があるため、光を完全に遮る遮光カーテンは避けたいところ。必要な時間に必要な光と闇が循環する空間に整えると、金運も安定します。

寝室 8

UP

昇り龍や昇り鯉、ご来光の絵や写真を飾る

やったほうがイイ！

龍神は上に昇ることが大好きなので、それを象徴する、あるいは同調させる物があると居心地良く感じてくれます。ぜひ赤やゴールドイエローの昇り龍、昇り鯉、ご来光などの絵や写真を飾ってみてください。寝室が東側、南側の方角であればどこでも、そうでなくても部屋の東側や南側に飾るのが吉。

ちょっと飾るのは恥ずかしい……という人は、枕の下に置いたり、引き出しに忍ばせたり、手帳や財布の中に入れて持ち歩きましょう。「うろこ」を感じさせる物を常に携帯するのも良いでしょう。

やったほうがイイ!

オフィス

会社勤めだと、長時間過ごすオフィス。少し整えるだけで、オフィスでの金運もアップします。

ミリオンバンブーで、出世運をアップして金運もアップ！

パソコンのデスクトップを水や海関連にすると金運上昇！

文具やオフィス用品を金属製にして、金運を高める！

食べかけ、飲みかけを置いておくと金運が逃げる！

オフィス 1

UP

ミリオンバンブーで出世運アップ!

やったほうがイイ!

縦長に伸びる、ミリオンバンブーのような観葉植物は出世運アップに最強のアイテム。出世は、もちろん金運アップにもつながりますね。最近はデスクに置ける小さいタイプもあり、取り入れやすいはずです。

ポイントは、自分で買わないこと! 自分よりも収入や地位が上の人、憧れの人からプレゼントしてもらうのがベストです。上手におねだりをしてみましょう。難しそうであれば自分で購入してもOKですが、飾る位置はデスク上の、「北東、東南、東」側のいずれかに置くと良いでしょう。

オフィス 2

UP

角がある小さめの鏡を飾り、人脈運を良くする！

社内の対人関係に悩んでいる方にオススメなのが、四角形で角がある小さめの鏡を飾ること。イライラや邪気を吸収、反射して祓ってくれます。大きめの鏡では逆効果なので、手のひらサイズくらいの小さめのものを選んでください。外枠は、プラスチックや木材でもOKですが、一番のオススメはガラス製のタイプ。効果がより上がります。

鏡を飾る位置は正面以外、顔が映らない位置であればどこでも大丈夫です。鏡の前には何かを飾ったり、邪魔になるような雑多な物は置かないようにしましょう。

やったほうがイイ！

オフィス 3

UP

パソコンのデスクトップを整理しよう！

やったほうがイイ！

パソコンのデスクトップに、ぎっしりとファイルやフォルダが並べられていませんか？ デスクトップは常に見やすいよう、毎月一回はいらない物を削除したり、整理してキレイに整えましょう。仕事の効率も上がりますし、仕事運アップにつながります。

さらに、デスクトップの壁紙を水や海の景色、それらを感じられるような写真にすると金運が上昇します。お金は水と相性が良く、水で「増える」という流れになるのです。リラックス、集中力アップの効果も期待できるので、一石二鳥ですね。

オフィス 4

UP

金属製のオフィス用品や文具で金運アップ

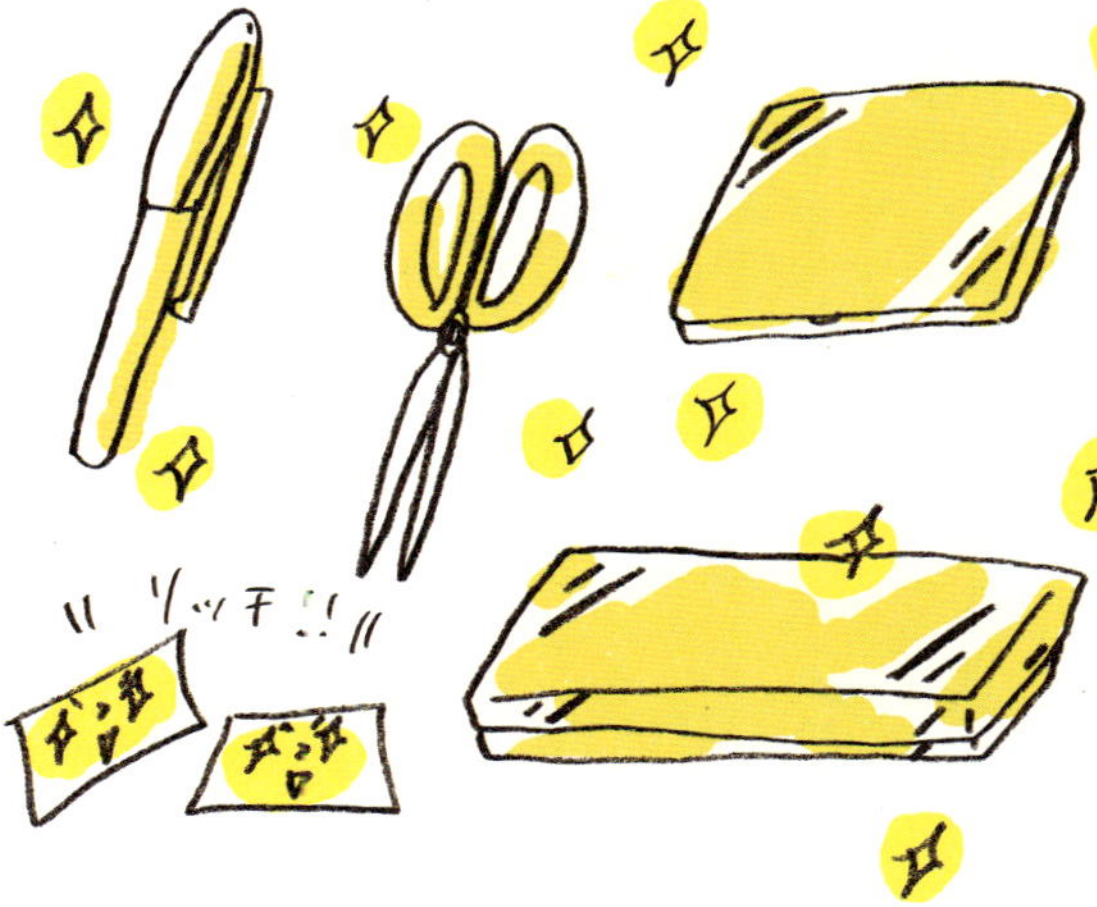

仕事で使う文具、オフィス用品に金属製の物を増やすと金運アップに。「金属＝お金」と捉えるとわかりやすいのですが、金属は光沢があり、重厚感もあります。取引先やまわりにも「リッチ」な印象を与えやすいので、ぜひ活用してみましょう。

もちろん全ての物を徹底して金属製に変えると重たくなりすぎる場合もあるので、だいたい5割〜6割程度を金属製にするのがオススメです。重たい印象が苦手という方は、金属製に見えるようなデザインや光沢のある物を選ぶと良いでしょう。

やったほうがイイ!

オフィス 5

UP

オフィスにあると金運を下げる物って？

やったほうがイイ！

デスクの上に食べかけ、飲みかけの物をずっと放置していませんか？　飲食品などを長時間放置したり、引き出しの中に食べ物を常備するのは金運的にはＮＧ。

また、使い古している物、アンティークな物、ボロボロでもう使えない物はできるだけ捨てるようにしましょう。なかなか物が捨てられない人のことを貧乏性ともいいますが、やはり金運にとってはよくありません。オフィス全体の改善は難しくても、自分のデスクまわりには金運を下げるものを置かないように努めてみましょう。

オフィス 6

UP

龍神は丸・勾玉・渦・雫形などの形が好き

やったほうがイイ！

龍神の手に「玉」が握られている絵などを見たことはあるでしょうか。あの玉は「如意《にょい》宝珠《ほうじゅ》」といってコロンとした雫形で、渦、波紋、円形などを網羅したエネルギーが詰まったものです。龍神はこういった形状の物を好むので、オフィスの机に飾ったり、身につけたりすると良いでしょう。ぐるぐるとパワーが循環するのに最適な形をしていて、とてもオススメです。また、勾玉は日本神話に出てくる大国主命《おおくにぬしのみこと》を象徴しますが、龍神も大好きな形。日本の龍神にはぴったりです。

方位をさらに意識すると風水パワーアップ!

四神相応を取り入れる

さらに効果をパワーアップしたい!という方は、ここからの応用編をやってみてくださいね。

金運を上昇させるためには、五行でいう「土」でお金は生まれ「水」で増える、の基本の流れを思い出しましょう。「水」の方角は北となり、「土」の方角は中心となります（P. 23）。つまり、北側の部屋と自宅の間取りの中心、「大極」を整えることで全運アップによりつながるのです。太極は自宅の間取りに対角線を引き、それが交わるところ（P. 78）。太極は、一番気が集まるところで、何も物が置かれていないことが吉とされています。

さらに「四神相応」という考え方を取り入れてみましょう。四神とは、方位を守る神獣で、北が玄武《げんぶ》、南が朱雀《すざく》、東が青龍《せいりゅう》、西が白虎《びゃっこ》。この四神をそれぞれ、山や丘、川、水などの自然に見立て、それらに囲まれた地に家を建てると最も繁栄するとされています。引っ越しや、家を建てる際は、この四神相応をベースに土地や部屋を選ぶと良いわけですが、そんな機会がなさそうという方でも大丈夫! 現在の家に、四神相応を当てはめ、P. 92から紹介している方法で、四方位を整えればいいのです。

ただし、どこか1箇所の方位を整えるだけでは、NG。すべての方位を整えることで、気の循環につながります。金運だけではなく、開運力が格段にアップしますよ。

北
玄武
山・丘
西
白虎
周囲の建物
丘・植木・堀
東
青龍
周囲の建物
丘・植木・堀
南
朱雀
川・湖
海・道路

北 玄《げん》武《ぶ》

足の長い亀に蛇が巻きついた神獣。「北」の方角の守り神であり、「水」「冬」「黒」「陰」を司ります。

亀は長寿、不死、蛇は金運、再生と復活の象徴です。

南 朱《す》雀《ざく》

聖なる鳥で鳳凰に属し、朱色をまとった神獣。「南」の方角の守り神であり、「火」「夏」「赤」「陽」を司ります。

朱雀は不死鳥。災厄を祓い、福を招く象徴です。

東

青《せい》龍《りゅう》

青（緑）をまとい、鹿の角、馬の首、蛇の尾、魚の鱗を持つ神獣。龍神の一種です。「東」の方角の守り神であり、「木」「春」「青（緑）」を司ります。

龍は出世、繁栄、パワーアップの象徴です。

西

白《びゃっ》虎《こ》

細長い肢体を持った白い虎、四神の中で一番の長老である神獣。「西」の方角の守り神であり、「金」「秋」「白」を司ります。

白虎は家内安全、財産、豊かさの象徴です。

方位をさらに意識すると風水パワーアップ！

【実践編】

北を整える素材やアイテム

玄武が守り神である北と相性の良い素材は、「重厚感があり、落ち着いた印象を与える物」です。左の表を参考にしてみてください。

また、ガラス、陶器、天然石などの重たいものでできた玄武や亀を象ったものを飾ってみましょう。それらの写真やイラストのポストカード、絵画などを飾るのも良いでしょう。

北の部屋に オススメのアイテム
起毛の重厚感がある絨毯、 ムートンラグ
神棚
クローゼット
タンス（チェスト）、収納棚
アクセサリー、ジュエリー
金庫
印鑑、通帳
勉強机、ワークデスク
本棚
カレンダーや スケジュール管理をする物
倉庫などの大きめの収納用品
植物（葉先が尖ったもの、 棘があるもの）

【実践編】

南を整える素材やアイテム

朱雀が守り神である南と相性の良い素材は、「自然を感じる木、華やかだけど優しさを感じるもの」です。左の表を参考にしてみてください。

また、ガラス、陶器、木材、布地などでできた朱雀や鳳凰や鳥を象ったものを飾ってみましょう。「飛ぶ」という象徴の天使や羽根などでもOK。それらの写真やイラストのポストカード、絵画などを飾るのも良いでしょう。

南の部屋にオススメのアイテム
麻や綿素材の物
花や観葉植物
丸みのあるインテリア家具
脚がついた家具
食器
陶器
花瓶
ライト、キャンドル
クッション
リラクゼーションアイテム

【実践編】

東を整える素材やアイテム

青龍が守り神である東と相性の良い素材は、「気分が上がるもの、つるつるすべすべで手触りが良く、異素材のもの」です。左の表を参考にしてみてください。

また、ガラス、陶器、天然石、木材でできた青龍や龍神を象ったものを飾ってみましょう。それらの写真やイラストのポストカード、絵画などを飾るのも良いでしょう。

東の部屋にオススメのアイテム
スチールやマットな加工をした素材の物
角があり、先鋭的な物
近未来的な印象のある物
テレビ、パソコン、オーディオデッキ
フレグランス、芳香剤、香水
縦長の花や観葉植物
縦長の収納家具
トラベルグッズ
地球儀
地図

【実践編】

西を整える素材やアイテム

白虎が守り神である西と相性の良い素材は、**「艶感や光沢感があるもの、異素材で特に反射をするもの」**です。左の表を参考にしてみてください。

また、ガラス、陶器、天然石、宝石でできた虎や猫を象ったものを飾ってみましょう。それらの写真やイラストのポストカード、絵画などを飾るのも良いでしょう。

西に部屋に オススメのアイテム
鏡やガラス戸などが施された家具
ゴージャスな印象の物
額縁、絵画
鏡、ガラス
サンキャッチャーや パワーストーンなどの反射物
クッション、シルクや 金糸を使った物
アンティークな物
ブランド物
財布、化粧品
ドレッサー

COLUMN 2

お金をブロックしない

よく私は、お金は「エネルギー」ですと教えています。

「お金＝汚いもの」という教育を幼少期などにされて、お金に罪悪感を持ちやすい人が実は大変多くいらっしゃいます。無意識でお金を良くないものと捉えている人は「こんなことでお金をもらっていいんだろうか」と制限がかかるようになり、起業をしても値段設定がうまくいかない、売り上げにつながらないなどのお金のブロックが生まれます。逆にあからさまにお金に貪欲になりすぎて失敗する人もいらっしゃいます。

生きていくために、お金はあって困るものではありません。自分を豊かにするためのエネルギーとして考え、ブロックせずに受け入れましょう。

しかし死んだらお金は持っていけません。この世の学びは全てこの世で使い切ることが、お金の定義でもあると感じています。上手に稼いで、上手に使い切りましょう。

PART 3

やったほうがイイ！龍神風水【自分編】

やったほうがイイ！

自分編

あなたの「運」は、あなた自身を開いて、鍛え上げる

環境と自分自身を整える

「人は環境に影響される」という言葉が示すように、人間はまわりからとても影響を受けやすい存在です。風水は基本、その考え方をベースに環境を整えることで運が開けると伝えるもの。しかし、ゆうはん流風水は、「環境」と、「自分自身」という二つを整えることを重要視します。

　環境は自分以外の周囲や他者との「共存の気」で形成されていきますが、自分自身の中で形成された気は周囲や他者に発していく「共鳴の気」です。これらの二つの気の共存＆共鳴のサイクルが仕上がることで、「運」は勢いを増していきます。そのため、ただ環境のみを整えていってもパワーは半減。自分自身も一緒に整えることが最高の運のサイクルを生み出すのです。

自分自身を「ちくわ」と思う

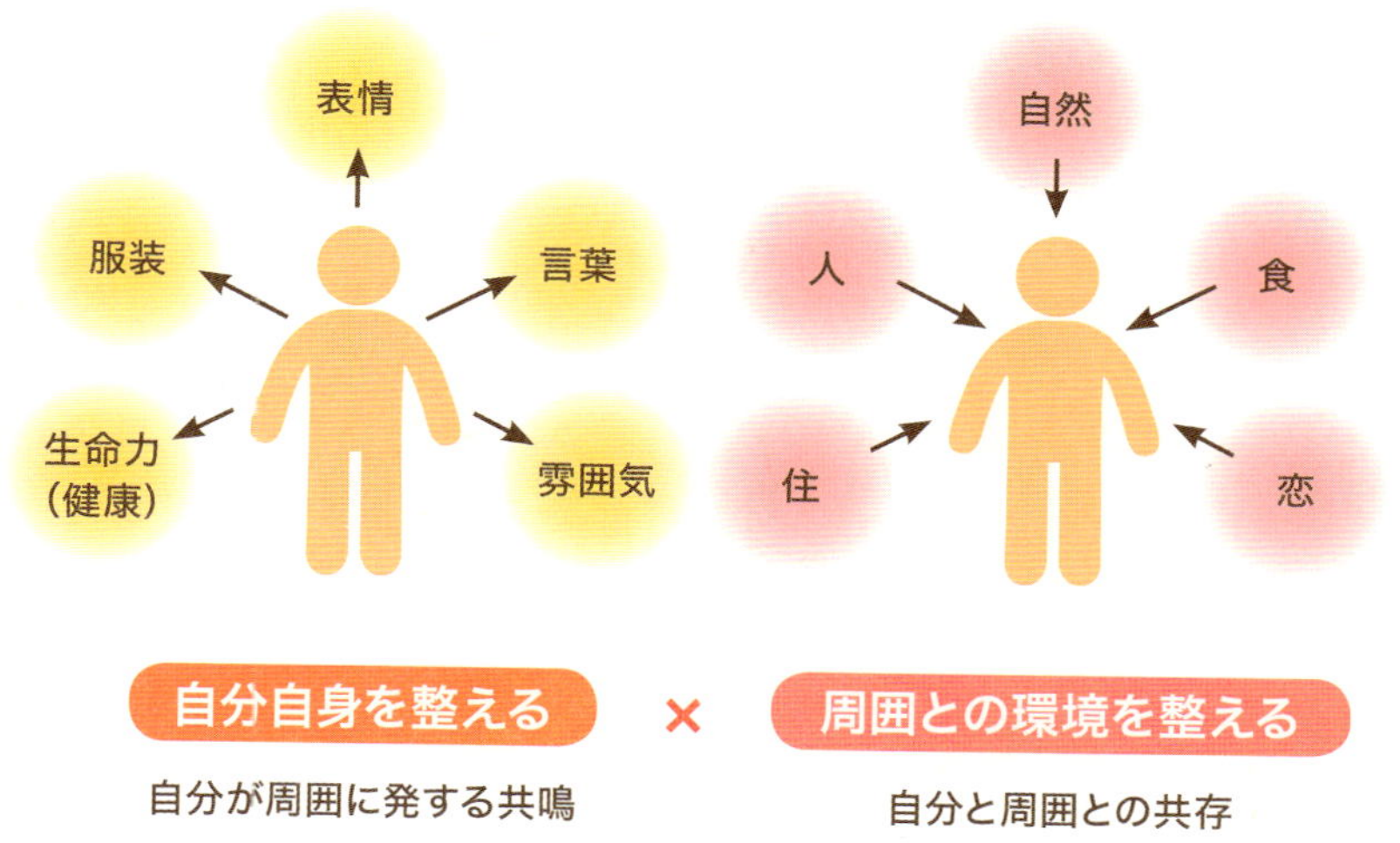

もっとわかりやすくいうと、自分自身を「ちくわ」だと思ってください。私たちは口にした気や物を、吐き出したり、解毒したり、排出したりします。まるで「ちくわ」のように筒状なのです。この機能が滞っていたらどうでしょうか？　毒素などが排出されず、不健康となり、周囲との共存、共鳴は難しくなるでしょう。

「お金に好かれたい」「神様に愛されたい」と思っているのであれば、環境と自分自身の共存と共鳴を連動させて、運を鍛えながら、強運の体質になりましょう。「運勢」という言葉があるように、運にはこの「勢い」をつけなくては開けません。くれぐれも、最初から運任せにしないようにしましょう。

習慣 1

UP

自分探しをやめて、自分を知る

やったほうがイイ!

「自分探し」という言葉がありますが、自分を探しているうちに道に迷ってしまった、という人もいるのではないでしょうか。そこでオススメしたいのが、「自分を知る」です。

占いや心理テストで傾向を見たり、友達や家族に意見を求めたり、本を読んだり、セミナーで学んだり、さまざまなことから自分の癖や本質が見えてくると思います。自分の主な長所と短所を3つずつ書きだし、認めましょう。自己肯定感を高めていくと承認欲求が過剰にならず、フラットになれます。運を極めるためには大切な最初の習慣です。

習慣 2

UP

自分中心の視点をやめ、宇宙視野から見る

やったほうがイイ!

私たちは自分本意に物事を捉えてしまいがちです。たとえば誰かとトラブルになったとき、「あの人がこうだから」と相手の欠点のせいにすることがあります。でも、相手の欠点だけが原因でしょうか。また、それは本当に誰からみても欠点といえることでしょうか？

自分の考え方や行動、環境が影響している可能性も考えてみる必要があります。そんなときには、少し視野を広げてみましょう。今、目の前にあることを俯瞰《ふかん》して見てみるとさまざまな因果に気がつくことができます。これを「宇宙視野で物事を見る」と呼んでいます。

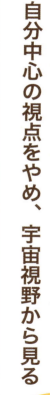

UP

他者と比べず、自分の個性に気づこう

やったほうがイイ!

対人関係から学ぶことも多いので、他者と比べることをやめるのはなかなか難しいものです。他人の芝生が青く見えるのは、習慣①の「自分を知る」が不足していることも原因のひとつ。大概は自分の芝生が凡庸なものに見えて手入れしていなかったり、凡庸な自分を認められなかったりしているのです。

他人の芝生は、その人が一生懸命手入れをしたからキレイに見えるだけなのかもしれませんよ。人を見て自分と比べるのではなく、自分の個性に気づき、活かしていきましょう。それこそが本当の学びになるはずです。

習慣 4

UP

グラウンディングの呼吸で循環を良くする

やったほうがイイ！

お金は「土」で生まれ、「水」で増えるというのが風水の定義。私たちの体にも五行があり、「土」を表す腸、「水」を表す体液や血液、生殖器などを整えることが大切です。

オススメの方法は、これらの循環が良くなる「グラウンディング＝地に足をつけて生きる」です。肩幅程度に足を広げ、両手を丹田《たんでん》（おへその3センチ下あたり）に当て、そこを意識しながら鼻から息を吸い、口から吐く深呼吸を3回してください。その際に、足から地に根を張っていくようなイメージをすると良いでしょう。座ったままでもOKです。

習慣 5

UP

体を温めて「水」の気を良くしましょう

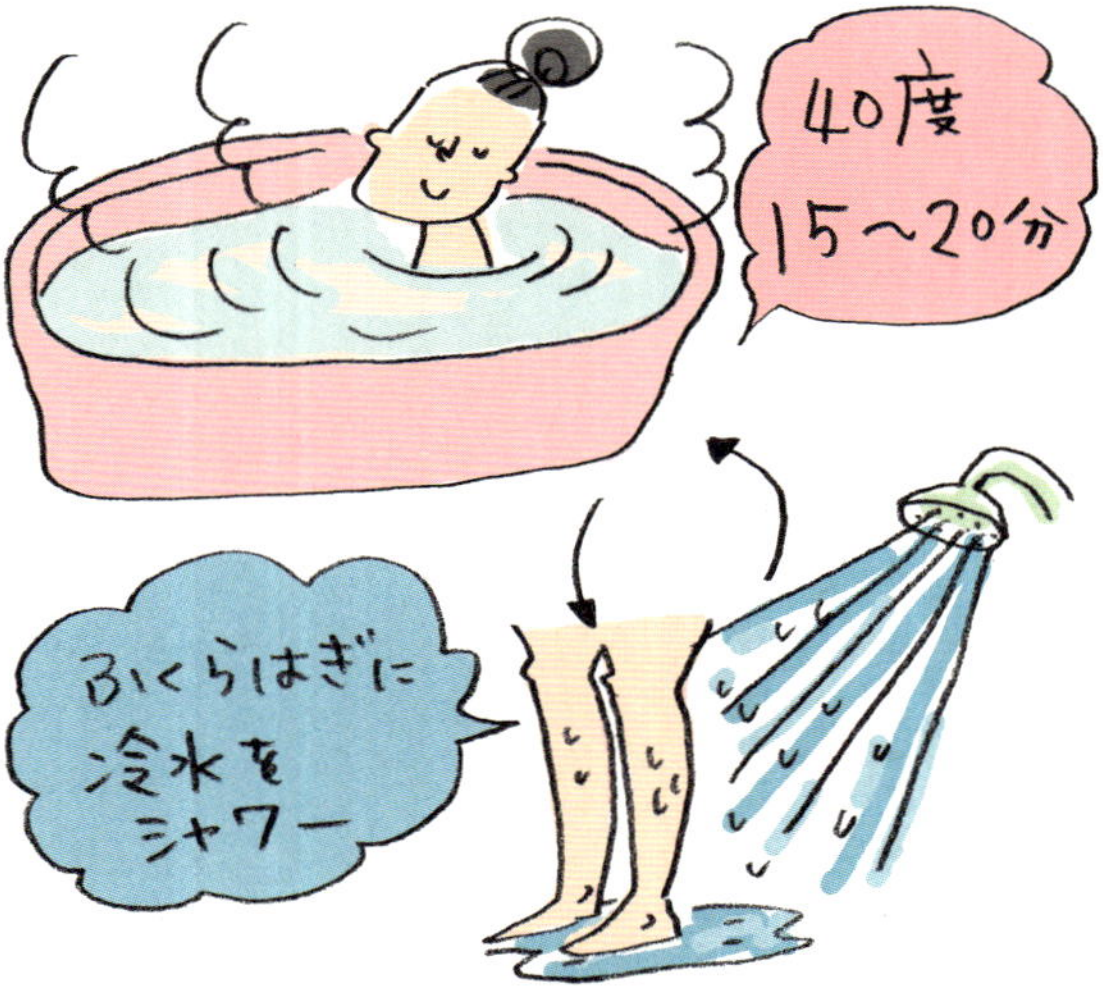

習慣④でもお話しした、人体の五行である「水」の血液や体液を循環させて発汗や解毒へつなげるために、体を温めましょう。

40度ほどの湯船に15分～20分、しっかりと肩まで使ってください（心臓に負担のある方は避けましょう）。その後、湯船から上がってシャワーで冷たい水をふくらはぎにかけ、また湯船に入ることを2回ほどくり返します。湯冷めも軽減しますし、継続することで血流が良くなり、冷え性の改善も期待できます。

デスクワークが多い方は、フットヒーターなどで足元を温めるだけでも良いでしょう。

やったほうがイイ！

習慣 6

UP

陰陽両方を学び、中庸へ向かう

「陰陽太極図」は、陰の中にも陽があり、陽の中にも陰があって、互いに影響し合っていることを示しています。世の中は男と女、生と死、白と黒などさまざまなものが相対していますが、陰だから悪い、陽だから良いということではありません。「良いように見えて悪いこともあるし、悪いように見えて良いこともある」という思想です。

相対する陰と陽の両面を学び、陽だけでなく陰をも避けずに恐れずに受け入れ、消化することで、何にもとらわれないバランスである「中庸」へ向かいましょう。

やったほうがイイ！

習慣

習慣 7

UP

相手に期待せず、自分自身に期待する

やったほうがイイ!

「期待をする＝相手を自分の思い通りにしたい」という仕組みにまずは気づきましょう。

たとえば、もうすぐ自分の誕生日だとします。夫や彼からプレゼントやデートのお誘いがあるだろうと期待していたのに、実際は仕事で忙しく、何もありませんでした。このとき、期待していたのに裏切られた、と感じて「愛されていない」と相手の愛情を疑ったりしていないでしょうか？　相手に期待するのをやめて、自分自身に期待をしましょう。お祝いをしてもらえる自分になるよう努めたほうが、運が開けてきます。

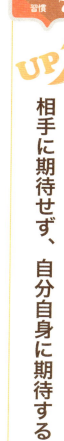

習慣 8

UP

相手に理解を求めない

相手があなたの思うような言動ではなかったとき、自分の意図が伝わっていないと感じるときに、「なんでわかってくれないんだろう？」と思ったことが人生で一度くらいは経験があるのではないでしょうか。これは「理解してもらいたい」という思いがあるからです。人は60億人いたら60億通りの価値観と個性があるので、そもそもわかりあえないものだと良い意味であきらめましょう。

自分のことを理解してもらいたいと相手に依存するのはやめて、意見を伝えて調和やバランスをはかることを目指しましょう。

やったほうがイイ！

習慣 9

UP

自然との一体感を感じる時間を持とう

休日を使って、自然と触れ合う時間をもうけましょう。自然と一体になる時間は、あなた自身のエネルギーチャージになります。自然はあなたを浄化してくれる作用もあり、ゆっくりと深呼吸をすれば、共鳴しながらデトックスもできます。海や川へ行ったり、山や森へハイキングに行くのがオススメです。

時間がない、あまり出歩かないという方は、ガーデニングや家庭菜園など、ベランダや庭でできるような、「土、水、木」に触れる時間を作ってみましょう。自然のエネルギーがあなたを後押ししてくれます。

やったほうがイイ!

習慣 10

UP

一人の時間を大切にしよう

ときには普段の喧騒から離れ、思いっきり好きなことをして、好きな物を食べる、そんな一人の時間を作ると吉。

寿命が百年あったとしたら、一人でいられる時間はそう多くはありません。でも、私たちが何かを生み出したり、自分自身を見つめ直すのにはひとりの時間がとても大切です。

一人といっても部屋にこもるのではなく、好きな本を持ってお気に入りのカフェに行ったり、一人カラオケでもいいのです。誰にも気を使わず過ごすのも、いい時間です。

やったほうがイイ！

習慣 11

UP

1時間だけ早く起きよう

やったほうがイイ!

早起きは三文の徳。ただ、仕事などの兼ね合いで極端に早起きするのは難しい方もいると思います。そこでオススメなのが、1時間だけ早起きする習慣です。1時間早く起きれば、いつもより慌ただしくなく、ゆったりと落ち着いて準備ができます。

休日もゆっくりと寝ていたい気持ちをぐっとはねのけて1時間早く起きると、できることが増えます。人間は朝が一番集中力の高まる時間帯なので、本を読んだり、ストレッチをしたりと有効的に使ってみましょう。習慣④のグラウンディングも運気アップ。

習慣 12

UP

腸活をしてお金の土壌を整えよう

やったほうがイイ！

習慣④でお話ししたように、人体の五行の「土」は腸です。お金は「土」で生まれるので、その土壌となる腸を整えることはとても大切。

腸は第二の脳ともいわれていて、免疫向上の意味合いからも近年は腸活、菌活が流行しています。便秘や下痢気味の方は「気」の循環が滞っているので、しっかりと腸を整えていきましょう。さまざまな乳酸菌で善玉菌を増やしながら、オリゴ糖やレタスなどの水溶性の食物繊維を一緒にとると◎。また米こうじの甘酒、味噌、醤油などの発酵食品もオススメです。

習慣 13

UP

自分だけのサンクチュアリを部屋に作ろう

やったほうがイイ!

部屋の中に、お気に入りの空間はありますか？　なければ、ぜひ作りましょう。方位は気にせず、部屋の中心に立ってみて直感で「ここだ！」という、「気」が集まっていそうな場所に決めます。そこに自分の好きな物、大切な物を置いて、サンクチュアリ（聖域）を作ります。

サンクチュアリにはキャンドルや優しい色のランプを置くのがオススメ。ちょっとした祭壇風にすると、さらに部屋の神聖な気がそこに集まるでしょう。我が家ではキャンドル、鏡、マリア像たちを飾り、眺めています。

習慣 14

UP

ガーデニングで「土」のパワーを頂く

ガーデニングは「土、水、木」といった生命力を育み、成長や発展を象徴する循環の代表です。土のパワーで不浄なものを浄化してくれるだけでなく、大地のパワーもチャージできてしまう一石二鳥の開運習慣なのです。

ガーデニングができない方、苦手な方は、観葉植物や育てやすい小さな植物から始めてみましょう。そのとき、必ず土がある鉢を選ぶようにしてください。また、植物はあなたの負のエネルギーも吸い取ってくれるので、枯れたときは「ありがとう」という気持ちを伝えましょう。

やったほうがイイ！

習慣

習慣 15

UP

ラベンダーとピンクを意識すると幸福感アップ！

やったほうがイイ！

ラベンダーとピンクのカラーは「女性らしさ、魅力、幸運、美、癒し」と素晴らしい作用をもたらしてくれます。私は、恋愛や結婚に悩む女性には必ずといっていいほど、ラベンダーとピンクをオススメしています。もちろん男性の方も、どこか一部だけでも取り入れると幸福感や好感度がアップします。

ピンクは薄めで青みがかったピンクが良いでしょう。インテリアの場合はクッション、スリッパ、カーテンなど。持ち物であれば手帳、名刺入れ、財布やアクセサリーなどの服飾小物に取り入れてみてくださいね。

習慣 16

UP

ネガティブな気持ちはあえて抑えない

やったほうがイイ！

どんな人の心の中にも負の感情はあるものですが、それを我慢してしまうことも多いでしょう。でも、我慢すればするほど心身に澱《よど》みのように蓄積してしまいます。

負の貯金をする必要はありません。自分の中の負の感情、嫉妬の感情を否定しないで、できるだけ吐き出しましょう。誰かに聞いてもらったりして、負の貯金を減らすことです。感情を否定すると抑制することにつながってしまうので、「こんなことを考えてしまう私がいや」と負のループにはまらないようにしましょう。

習慣

習慣 17

UP

とことんやり切ったら、あきらめる

「あきらめも肝心」といいますが、あきらめどきというのは確かにあります。あきらめきれない思いがいつのまにか「執着・執念」になって、自分でも気づかないうちに固執してしまっていた、という経験はありませんか？　とことんやりきったらあきらめるという意識が「手放す」ことにつながります。

手放せば、新しい運が入る隙間ができます。手放していくことで運の循環を作り、もっと良い、あなたに合った流れを招き入れてあげましょう。とことんやりきった自分を褒めてあげるのもポイントですよ。

やったほうがイイ！

習慣 18

UP

目標は持たないでビジョンを持とう

目標って、必ず達成しなきゃという気持ちになりませんか？　でも、達成できなかったときに自分自身を責めたり、「やっぱり私ってできないんだ」と否定的になりがちです。

目標＝プレッシャーがかかる、というイメージは拭えません。そこで、代わりに「ビジョン」を持つと良いでしょう。「こういう自分になる」というイメージをしながら、ビジョンとして願望をかなえられる自分をイメージしてみてください。目標よりも負担が軽減され、いつの間にかそれに向かって無理なく行動をしているはずです。

やったほうがイイ！

習慣 19

UP

やったほうがイイ！

「無価値の恐怖」にとらわれない！

誰でも「認められたい」という欲求を持っているものです。人は皆特別であり、価値ある存在であることに間違いはありません。でも、何かしらの要因や育った環境、トラウマなどから「私には価値がない」と「無価値観」をキャッチしてしまっている人も多いです。

そうすると自然と自己肯定感が低くなり、でも承認欲求が強くなるという矛盾した葛藤が起こります。この「無価値への恐怖」もまた澱みとなって負の貯金に……。まずは自分で自分を褒めること、そして褒められたら素直に受け取ることを意識しましょう。

習慣 20

UP

やったほうがイイ！

特別になろうとしない。自分はもともと特別な存在

この世界のベースには、見えない階級制度があったり、点数や評価で肩書きや名誉を判定したりと、人に上下をつけるような社会の仕組みがあります。もちろん競争意識を生むためには良い作用もありますが、それが「特別にならなきゃ」という意識のゆがみを生むこともあります。

人は生まれながらに、一人ひとりが特別な存在です。特別な何かになろうともがいたり、誰かと比べて劣っていないかどうかを心配したりするよりも、「自分はすでに特別なのだ」と自覚しましょう。

習慣 21

UP

やったほうがイイ!

深呼吸や瞑想の時間を持とう

自分自身を整える「ちくわ」の循環（P.98）を促すためにも、深呼吸と瞑想をしましょう。水の音やヒーリング音楽、癒しのヘルツ音などを流しながら、あなたが一番リラックスできる体勢になり、軽く目を閉じて、頭↓肩↓手↓お腹↓足と順番に全身の力を抜いていくイメージをします。丹田に両手を軽くあて、鼻から息を吸って口から吐く呼吸を自分が心地いいと感じるまでゆっくりとくり返します。次に、ゆったりと思考・感情・雑念を消していくように「無」になるように、瞑想しましょう。

習慣 22

UP

クリエイティブに生きて第六感を研ぎ澄ませる

五感とは別の感覚、「第六感」。皆さんも一度は聞いたことがあるのではないでしょうか。この第六感を育成するのに一番簡単な方法が絵画や音楽に触れることです。鑑賞もいいのですが、一番いいのは自分で手を動かすこと。絵を習ったり、楽器を始めたりと、右脳を活性化させるようなクリエイティブな活動は直感力や感受性を育成することにつながり、第六感も強化されます。

より簡単な方法としては、移動中にイヤフォンで音楽を聴いたり、部屋で音楽や絵画に触れられるようにすると良いでしょう。

やったほうがイイ！

習慣 23

UP

神社ではお願い事をしてもイイ！

神社では、感謝や報告だけにしましょうとよくいわれます。でも、神社で扱っているお守りや絵馬、祈祷などは「お願い事」をして授かるもの。実は、神様の力に依存しすぎなければ、それらもＯＫなんです。

ポイントは、お願いをするときに「それに向けて自分自身も努力をします」と宣誓すること。そして最後に感謝を忘れずにすることです。また、願い事を叶えたら、必ずお礼参りに行ってくださいね。このサイクルが、あなたの後押しをしてくれる神様に、また愛される循環を作ることができます。

やったほうがイイ！

習慣 24

UP

1週間に一度、公共のために良いことをする

やったほうがイイ！

私が昔から開運習慣としてやっていることがあります。これはあくまでも「意図的・義務的」ではなく「偶発的」に行ってください。たまたま歩いていて目についたゴミでいいので、拾って近くのゴミ箱に捨てるようにします。「私のじゃないし」ではなく、「環境のため」と捉えてやってみてください。

「誰かがやる」ではなく「自分がやる」ことを一人ひとりの意識として増やしていくことが、より良い空間につながります。気持ちもなんだかスッキリして良いことをした感が芽生えますよね。

習慣 25

UP

手帳やSNSで運の流れを管理し、未来の計画を立てる

やったほうがイイ!

手帳は、あなた自身の運の流れを管理している通帳だと思ってください。手帳を見て、どんなスケジュールで生活しているのかをチェックしてみましょう。自身のバイオリズムが見えてくると、未来の計画が立てやすくなります。

SNSの方がやりやすい人は、自分だけの公開でもいいので、記録を残してときどき振り返りましょう。そして、手帳の場合と同様に未来の計画をしていくと良いでしょう。自分の成長や発展を意識できるという意味で、記録はとても大切な開運作業です。

習慣 26

UP

100点を目指さず、70点ぐらいの成功例を増やす

やったほうがイイ！

なんでも完璧や100点を目指してしまう人はいませんか？　もちろん、パーフェクトも素晴らしいことなのですが、完璧にできなかった自分を責めることがよくあるなら、70点ぐらいを目指すと良いでしょう。

さまざまな成功者を見ていくと、100点ではなく、70〜80点くらいのことを数多くこなしている場合が多いようです。育児や家事など満点の基準がわからないジャンルなら、70点くらいの意識でOK。それを多く積み重ねて成功例を増やしていくことで、大きなものを生み出す力になるでしょう。

習慣

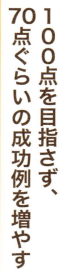

習慣 27

UP

むやみやたらにパワースポットに行かない

やったほうがイイ!

パワースポットブームの昨今。多くのパワースポットに行って体調を崩したり、運気が悪くなって相談にくる方が増えました。

実はパワースポットには相性があります。相性の良いパワースポットを知る基準は、①同じパワースポットの名前や文字を三回以上目にする、②あなたが住んでいる地域の氏神のご祭神と同じ神様が祀られている、③過去にご利益があった神様と同じ系統の神様が祀られている、の三つです。逆に実際に行って違和感があれば、相性が悪いということ。足を踏み入れない方が良いでしょう。

習慣 28

UP

私たちは「おかげさま」で生かされている

私たちがとらえている「自分」は、本来はないというのが無我の思想です。人間は決して一人だけで自動的に生まれ、一人だけで生きていくわけではありません。両親、祖父母、そのまた両親と、ＤＮＡのつながりであなたが形成されているわけです。

誰かのおかげさまのもとで生かされていることに感謝をすることは、開運習慣の心がけとしてとても大切。これは「無我」や「中庸」を知るにも良い思想です。特に成功したときや評価されたときは、「おかげさま」を強くとらえるとさらに運が鍛えられますよ！

やったほうがイイ！

COLUMN 3

愛新覚羅家の黄金の秘儀

「愛新＝金」という意味があり、愛新覚羅家は「ゴールドの民族」ともいわれていました。黄色と金色は邪気を祓い、皇帝の品位を引き立てる強力なカラーであると教えられてきたのです。皇帝が着ているドラゴンローブはまさにそれ。黄色といっても、薄すぎず、濃すぎず、からし色ではなく、山吹色をパキッとさせたような色合いで、輝きや艶を金糸を使い、仕立てていくのです。

我が家も黄色や金色を大活用しています。オススメは部屋の中心の「太極」に、黄色か金色の折り紙を1センチ角に切って天井やコーナーの一番上に両面テープで貼り付ける方法。グッと部屋全体の運気がアップ。他には、玄関やじめっとしていて暗い部屋や、「欠け」といって部屋が正方形や長方形ではなくて角が取れているような欠けのところに黄色や金色の物を飾ったりしています。黄金の強力なパワーにあやかれるので、あなたの進化の後押しにオススメです。

PART 4

あなただけの龍神守護龍占いで金運アップ

守護龍占いとは

愛新覚羅家は龍神との関りが深く、私自身もその導きでさまざまな恩恵を受けてきました。私の中に龍神がうごめいているような……、そんな感覚を持ったことさえあったのです。私の祖父は産婦人科医で、胎児のことをよく「龍体《りゅうたい》」といっていました。胎児はくるんと龍神のような形をしていますよね。私たちは、羊水という水の中で創造されたわけです。「水＝龍」ですから、もともと皆さんの中には龍神が宿っていて、それを知ることができればよりパワーを頂けるのではないかと思いました。

そこで試行錯誤して考案したのが、風水と数秘術を組み合わせた「守護龍占い」。龍神が導くあなたの運命はもちろん、金運に特化した「財布」「宝くじ必勝法」と、食べるとパワーアップする「風水開運フード」もわかります。

守護龍のカラーの数は全部で9色です。紫《し》禁城《きんじょう》の「九龍壁」や日本の「九頭龍伝説」などから「9」という数字も実は龍神を象徴する数。東西南北に北西、北東、南西、南東を加えた八方位である「8」が陰陽の循環やバランスを司る龍神だとすると「9」は陰陽太極を超越した龍神と捉えてみましょう。

天帝数の出し方

生年月日を一桁の数字に解体し、すべての数字を順番に足していきます。足した数字が二桁になったら、一桁の数字になるまでくり返します。最後に一桁になった数字があなたの「天帝数」です。対応している龍神があなたの守護龍となります。それぞれの龍神のカラーはあなたのラッキーカラーでもありますので、ぜひ意識してみてくださいね。

（例）「1981年2月8日生まれ」の場合

1 + 9 + 8 + 1 + 2 + 8 = 29

▼

2 + 9 = 11

▼

1 + 1 = 2

天帝数は「2」になります。

では、あなたを守ってくれている龍神のご加護を頂きましょう。

天帝数
〔1〕

金龍

GOLD

金龍のあなたは「自分が常識」といわんばかりに自信とプライドに溢れた天性のリーダー。新しいことが好きで、さまざまなことに全力で挑もうとする怖いもの知らずでもあります。やり遂げる意志、結果を求める思いが誰よりも気高くあり、あまり人に甘えたりすることは得意ではありません。そのため、一人でさまざまなことを常に抱え込みやすい傾向にあります。曲がったことが嫌いでわざと敵役をかってでるような正義感もあるようです。しかし、目標を決めたらまっしぐら。必ず手に入れたいものを手に入れる強さがあります。

MONEY

オススメの財布

守護龍のカラーの通り「ゴールド」をオススメします。ギラギラしてちょっと……、というあなたは「黄色やアイボリー、ライトベージュ」なども良いでしょう。できれば財布のどこかに金色が入ったもの、少しでもいいのでキラキラ感を感じさせるものにしましょう。丸いモチーフ、水玉が入っているとより一層金運が高まります。あくまでも上品なものを意識してください。

LOTTERY
宝くじ必勝法

金龍の方は元々お金を貯めるよりも循環に重きを置くと開運していきます。そのため、宝くじやギャンブル運も良く、金を表す「金曜日」、金と相性がいい「水曜日」などに買いにいくことをオススメします。守護龍のカラーの通り、購入や勝負をしにいく際にはぜひ「ゴールド」の物を身につけてください。できれば純金製のジュエリーなどが効果倍増。方位はご自宅からみて「北西」、「西」を選びましょう。その近辺にある売り場や遊び場に出かけてみるのが良いでしょう。

FOOD
あなたの開運フード

「オレンジ、グレープフルーツ、レモンなどの柑橘系」です。柑橘系は金運にもっとも良いともいわれていますが、食べるのもオススメ。今日は勝負の日！と決めた朝にはぜひ食べてみましょう。レモンの蜂蜜漬けは特に◎。

ゆうはんのお告げ

眉間にシワを寄せた難しい表情をせずに、リラックスを意識してみるとパワーアップしますよ。

天帝数〔2〕

黄龍

YELLOW

黄龍のあなたは「ハッピーオーラ満開」の天真爛漫な愛されキャラ。愛嬌抜群、人当たりも良く、いつもたくさんの人に囲まれているでしょう。「美」に関することに興味が強く、ファッション、美容、健康、美術、音楽の分野や華やかな空間が似合います。その愛されキャラは心の優しさからきているため、あなたを利用しようとする悪い人もいるでしょう。それでも平等に接していく姿勢が時には優柔不断に見られたり、八方美人ととらえられてしまうことも。それでも「ま、いっか」とポジティブな強みを持っています。

MONEY

オススメの財布

守護龍のカラーの通り「イエロー」をオススメします。派手で目立つカラーなのでちょっと……、というあなたは「ホワイト、アイボリー、からし色などの渋い黄色」なども良いでしょう。できれば財布のどこかに直線が入ったもの、少しでもいいのでツヤ感があるものがオススメ。丸いモチーフ、蛇柄などが入っているとより一層金運が高まります。

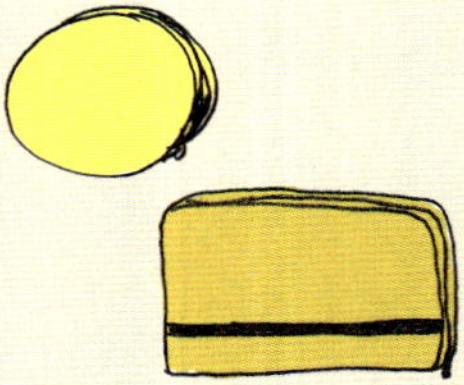

LOTTERY
宝くじ必勝法

黄龍の方は金運のバランスが元々いいのですが、人のために使うと開運していきます。宝くじやギャンブル運は普通で直感での購入がオススメ。金を表す「金曜日」、金と黄色と相性がいい「土曜日」などに買いにいくと良いでしょう。守護龍のカラーの通り、購入や勝負をしにいく際にはぜひ「イエロー」の物を身につけてください。何か蛇柄の物を身につけると効果倍増です。方位はご自宅からみて「北、北東」を選びましょう。この方位はお金に愛される象徴方位です。

FOOD
あなたの開運フード

「ごぼう、れんこん、かぼちゃ、いもなどの根菜類」です。根菜は金運を高めるだけでなく、蓄え、安定収入の意味もあるのでオススメです。今日は勝負の日！と決めた朝にはぜひ食べてみましょう。

ゆうはんのお告げ

いろんな周囲の意見や言葉をすべてキャッチする必要はありません。あなたはあなたらしさを大切に。

天帝数
〔3〕

赤龍

RED

赤龍のあなたは「直感力、行動力抜群」のエネルギッシュな人。お喋りが大好きで、常に新しい情報にアンテナを向けた好奇心旺盛な面もあります。社交的で楽しいことが大好き、面倒くさいことにはかかわらないという分かりやすい性質を持っています。ただ少し、おっちょこちょいなところがありますので、焦らないで物事をコツコツと遂行していく姿勢を足すとちょうど良くなるでしょう。お調子者で、移り気で、ちょっと浮気性な人もいるようですが、なぜか許されるキャラクターです。

MONEY
オススメの財布

守護龍のカラーの通り「レッド」をオススメします。「赤い財布＝赤字」という概念は日本だけで、中国では生命力がみなぎる、大変おめでたいカラーです。それでも気になるという場合は「ピンク、ボルドー、ワインカラー」なども良いでしょう。マットなものか、ツヤ感があると良いでしょう。大人っぽいデザイン、クロコダイル柄などが入っているとより一層金運が高まります。

LOTTERY

宝くじ必勝法

赤龍の方は金運の浮き沈みが多く、出費や浪費が多い傾向なので、収支のバランスを考えていくと開運していきます。宝くじやギャンブル運は良いときは良いのですが、悪いときはとことん悪いという極端な運。浪費を防ぐ「土曜日」、赤と相性がいい「木曜日」などに買いにいくことをオススメします。守護龍のカラーの通り、購入や勝負をしにいく際にはぜひ「レッド」の物を身につけてください。方位はご自宅からみて「東、東南」を選びましょう。

ゆうはんのお告げ

どんなことがあっても感情で精査してはいけません。最後までやり抜くことが開運の秘訣です。

FOOD

あなたの開運フード

「トマト、りんご、苺、パプリカなどの赤系の食材」です。赤は金運を高めるだけでなく、引き寄せ力があるので意識してみましょう。今日は勝負の日！と決めた朝にはぜひ食べてみましょう。

天帝数
〔4〕

紫龍

PURPLE

紫龍のあなたは「責任感、真面目で気配り抜群」の完璧主義な人。任されたことは最後まで遂行し、コツコツと積み重ねる努力家でもあります。頼られることが多いので、いつも忙しくしている人が多いかもしれません。分析力にも優れ、要領も良いため、上からも下からも信頼を得ます。そのせいか逆境に弱い人が多いのも特徴。傷つくのを恐れ、いいたいことを我慢してしまったり、気を遣ってしまうでしょう。そんなあなたを包み込んでくれるようなパートナーや、プライベートの時間を意識して作るようにすると良いでしょう。

MONEY

オススメの財布

守護龍のカラーの通り「パープル」をオススメします。紫は高貴な色でもあり、中国では「品があり、格が高いカラー」になります。ちょっと苦手というあなたは「モーヴ系、ラベンダー、マゼンタカラー」なども良いでしょう。マットなものかツヤ感のあるものが良いでしょう。ハイブランドのものは一層金運が高まります。

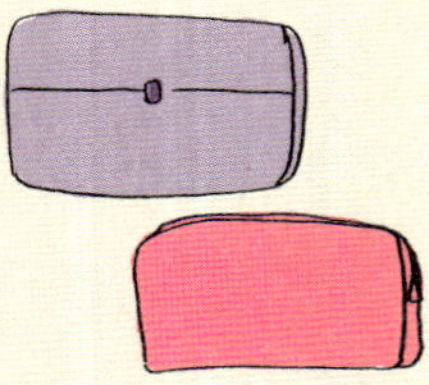

LOTTERY
宝くじ必勝法

紫龍の方は計画性があり、貯金が好きな傾向があります。しかし、お金は天下の回りものともいわれるようにケチになりすぎないほうが開運していきます。宝くじやギャンブル運は普通です。循環を良くする「水曜日」、紫と相性がいい「火曜日」などに買いにいくことをオススメします。守護龍のカラーの通り、購入や勝負をしにいく際にはぜひ「パープル」の物を身につけてください。方位はご自宅からみて「南、南西」を選びましょう。お金が循環する方位です。

ゆうはんのお告げ

人は完璧にはなりきれません。無理だな、難しいなと限界を感じたら人に頼るようにしてみましょう。

FOOD
あなたの開運フード

「紫キャベツ、紫芋、ワイン、なすなどの紫系の食材」です。紫は金運の中でもお札との相性が良いので、紫の食べ物をすすんで選びましょう。今日は勝負の日！と決めた朝にはぜひ食べてみましょう。

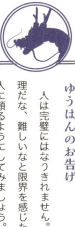

天帝数〔5〕

翡翠龍

JADE

翡翠龍のあなたは「感受性が強く、束縛を嫌う」自由人。常識や普通という枠にはまらない発想力を持っています。人を楽しませることも好きですが、何よりも自分自身が楽しむことが大好きな快楽主義の傾向があります。嘘をつけない人なので、好きなものはとことん好きだし、嫌いだと顔にでてしまうほどハッキリしています。また、マイペースな一面もあるので、自分が中心に世界が回っているように感じさせます。急かされたり、上から抑えつけられてペースを崩すと自分らしさがどんどんすり減らされ、生きにくさを感じる人も。

MONEY

オススメの財布

守護龍のカラーの通り「グリーン」をオススメします。緑は平和、調和を表すカラーでもあり、木々の成長もイメージさせる「育む」カラーになります。ちょっと苦手というあなたは「翡翠のような薄いグリーン、イエローグリーン、抹茶カラー」なども良いでしょう。異素材で大ぶりの財布がオススメ。編み目のあるデザインを選ぶと一層金運が高まります。

LOTTERY
宝くじ必勝法

翡翠龍の方はお金を増やすことが得意です。ＦＸや株投資、不動産投資など、運用すると開運します。宝くじやギャンブル運は普通です。成長を促す「水曜日」、緑と相性がいい「木曜日」などに買いにいくことをオススメします。守護龍のカラーの通り、購入や勝負をしにいく際にはぜひ「グリーン」の物を身につけてください。方位はご自宅からみて「東、東南」を選びましょう。お金が成長する方位でもあるので、その近辺にある売り場や遊び場に出かけてみるのが良いでしょう。

FOOD
あなたの開運フード

「マスカット、キャベツ、ピーマンなどの緑系の食材」です。緑系の食べ物は水分と繊維が多いものが多く、お金とも相性がいい素材です。今日は勝負の日！と決めた朝にはぜひ食べてみましょう。

ゆうはんのお告げ

枠がないことでできること、枠があるからこそできること、両面をバランスよく学びましょう。

天帝数
〔6〕

黒龍

BLACK

黒龍のあなたは「デリケートで、人のために尽くす」サポートの人です。傷つきやすく、だからこそ人の気持ちが痛いほど分かる、とても優しい心の人です。決して自我を優先せず、相手の気持ちを優先的に考えます。縁の下の力持ちとして活躍する方も多く、誰かのため、何かのために行動し、自己承認欲求が満たされる傾向にあります。中には自己表現が苦手で、おとなしく、人見知りで孤独を感じやすい人も。心配性で過敏になりやすいときもあり、不安や悩みを多く抱えていることもあるため、ストレス解消法を見つけるようにしましょう。

MONEY

オススメの財布

守護龍のカラーの通り「ブラック」をオススメします。黒は陰、五行では水を表すカラーでもあり、金と水は相性が良いので金運を安定させるカラーになります。ちょっと苦手というあなたは「ネイビー、チャコール、チョコレートカラー」なども良いでしょう。マット素材や花モチーフがほどこされた財布がオススメ。ハイブランドの財布は一層金運が高まります。

LOTTERY
宝くじ必勝法

黒龍の方は、お金を安定した循環で整えることが得意。食べるのに困らない運命を持っていますので、心配はないでしょう。宝くじやギャンブル運は◎。陰を中和する陽の「日曜日」、黒と相性がいい「水曜日」などに買いにいくことをオススメします。守護龍のカラーの通り、ぜひ購入や勝負をしにいく際には「ブラック」の物を身につけてください。方位はご自宅からみて「北、北東」を選びましょう。お金が蓄財する方位でもあるので、積立や貯金専用の銀行があると吉。

FOOD
あなたの開運フード

「ごま、ひじき、黒豆、ブルーベリーなどの黒系の食材」です。黒系の食べ物はアントシアニンやアンチエイジングなど、健康や長寿に良い食品が多く、お金とも相性が◎。勝負の日と決めた朝にはぜひ食べてみましょう。

ゆうはんのお告げ

どうしても過去を悔やみがちで、傷つくのを避ける傾向にあります。「今を生きる」を大切に。

天帝数〔7〕

青龍

BLUE

青龍のあなたは「誰とでも分け隔てなく付き合える」博愛主義の人。ただ自分は自分、他人は他人とハッキリしており、良い意味でクールなタイプです。ときには「冷たい」と思われがちですが本人は全く気にしません。そしてあまり自分以外のものに興味を持つことは少なく、人の厚意を素直に受け取れないあまのじゃくな面もあります。我が道を追求しながらも独自の世界観を持つので、とてもミステリアスで魅力的にみられるでしょう。博愛主義な面が強くでると、バランス良い人間関係を築ける人になります。

MONEY オススメの財布

守護龍のカラーの通り「ブルー」をオススメします。青は若さや蕾を表すカラーでもあり、将来性を感じさせるカラーになります。ちょっと苦手というあなたは「シンデレラブルー、青みがあるホワイト、ターコイズカラー」なども良いでしょう。エナメル素材やデザイン性の高い財布がオススメ。編み目のあるデザインは一層金運が高まります。

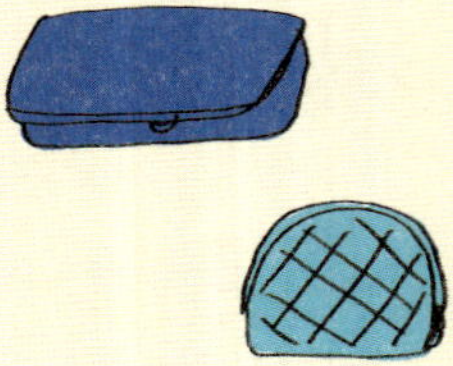

LOTTERY
宝くじ必勝法

青龍の方は変わった物や趣味にお金をかける偏った傾向があります。遺産相続の運がありますので、生涯お金に困ることはあまりないでしょう。宝くじやギャンブル運はあまりありませんが、買いにいく場合は成長を促す「水曜日」、青と相性がいい「土曜日」をオススメします。守護龍のカラーの通り、購入や勝負をしにいく際にはぜひ「ブルー」の物を身につけてください。方位はご自宅からみて「東、北東」を選びましょう。ここはお金が成長しながらも蓄財する方位です。

FOOD
あなたの開運フード

「枝豆、ブロッコリースプラウトやハーブなどの青緑系で香りが強い物、芽や種子の食材」です。青緑系の食べ物は栄養価が高く、抗酸化作用があるため、金運の循環にも◎。勝負の日の朝にはぜひ食べてみましょう。

ゆうはんのお告げ

自分も大切ですが、「誰かのおかげさま」ということも意識すると対人関係がもっと円滑になりますよ。

天帝数
〔8〕

白龍

WHITE

白龍のあなたは「ルールを重んじ、実力主義」のしっかりもの。社会性があり、周囲にもしっかりとキチンとした印象を与えます。伝統、モラル、礼儀などを重んじ、上下関係も意識するタイプです。ただ、無駄がとにかく嫌いで、どんくさい人や要領が悪い人を見つけるとイライラしたりします。少し潔癖性でもあり、細やかなことを気遣える面も。ただ願いを叶えるためには手段を選ばない人もいます。石橋を叩いて渡るような、小心者で慎重な面もあり、さまざまなことに過敏な人もいるでしょう。

MONEY

オススメの財布

守護龍のカラーの通り「ホワイト」をオススメします。白は何にもとらわれないカラーですが、何にでも染まる可能性が高いカラーでもあります。ちょっと苦手というあなたは「アイボリー、ベージュ、シルバーカラー」なども良いでしょう。本革で頑丈な財布がオススメです。キラキラ感があり、スタッズなどがついたデザインの財布は一層金運が高まります。

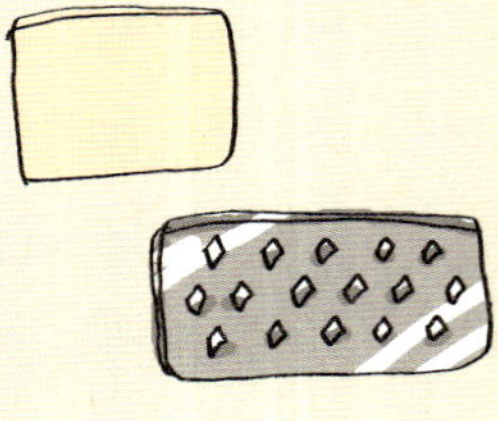

LOTTERY
宝くじ必勝法

白龍の方はお金を着実に増やすこと、貯蓄することが得意です。金銭面のコントロールがとても上手なのと、生み出すことも得意なので、苦労はあっても困ることはありません。ギャンブル運は普通です。蓄財を促す「土曜日」、白と相性がいい「金曜日」などに買いにいくことをオススメします。守護龍のカラーの通り、購入や勝負をしにいく際にはぜひ「ホワイト」の物を身につけてください。方位はご自宅からみて「西、南西」を選びましょう。

FOOD
あなたの開運フード

「卵、お米、小麦、ふわふわした素材の白系の食材」です。白系の食べ物は邪気を祓い、浄化を促す作用があり、お金とも相性がいい食べ物です。今日は勝負の日！と決めた朝にはぜひ食べてみましょう。

ゆうはんのお告げ

「自分のこだわりを人に押し付けない」を気をつけていけば、大きな成功を手にする運命です。

天帝数
〔9〕
透明龍
TRANSPARENT

透明龍のあなたは「流されやすく、奉仕精神たっぷり」の自己犠牲型。このタイプには社会性がある方と、社会になかなか馴染めない方に分かれます。スピリチュアルな能力が高い方も多く、人のために尽くす人たちです。医療や薬学などの分野で活躍している人も多く、自分よりも他者優先、むしろ自分がない人たちでもあります。良い意味で環境に染まりやすく、流されやすい傾向があり、順応性も抜群で敵は少ないタイプです。人の些細な心の動きにも敏感なので、困っている人を助けてあげたいという使命のもとに頑張るでしょう。

MONEY
オススメの財布

守護龍のカラーのクリア感のあるものが◎。透明は実は「レインボー」を意味します。透明はどんな色も透す、スピリチュアルなカラーなのです。ちょっと苦手というあなたは「レインボー、ホワイト、プラチナカラー」なども良いでしょう。エナメルで丸みがある財布がオススメです。ツヤ感もあり、宇宙的なイメージのデザインの財布を選ぶと一層金運が高まります。

LOTTERY
宝くじ必勝法

透明龍の方はお金には無頓着で、あまり興味がない傾向があり、金銭面でのコントロールは下手です。ギャンブル運は一か八かの運ですがお金に愛される「金曜日」、透明と相性がいい「月曜日」などに買いにいくことをオススメします。守護龍のカラーの通り、購入や勝負をしにいく際にはぜひ「透明」の物を身につけてください。クリア感がある物やクリスタルなどが良いでしょう。方位はご自宅からみて「北、北西」を選びましょう。

FOOD
あなたの開運フード

「ゼリー、こんにゃく、ミネラルウオーターなどの透明・半透明系の食材」です。透明の食べ物は体の気を整え、浸透力も高いため、お金とは相性が◎。今日は勝負の日！と決めた朝にはぜひ食べてみましょう。

ゆうはんのお告げ

ストレスは気づかぬうちに澱《よど》みのように溜まるもの。持病を持っている人は自分自身のケアも大切に！

お金を引き寄せる パワースポット

ゆうはんの**超**おすすめ！

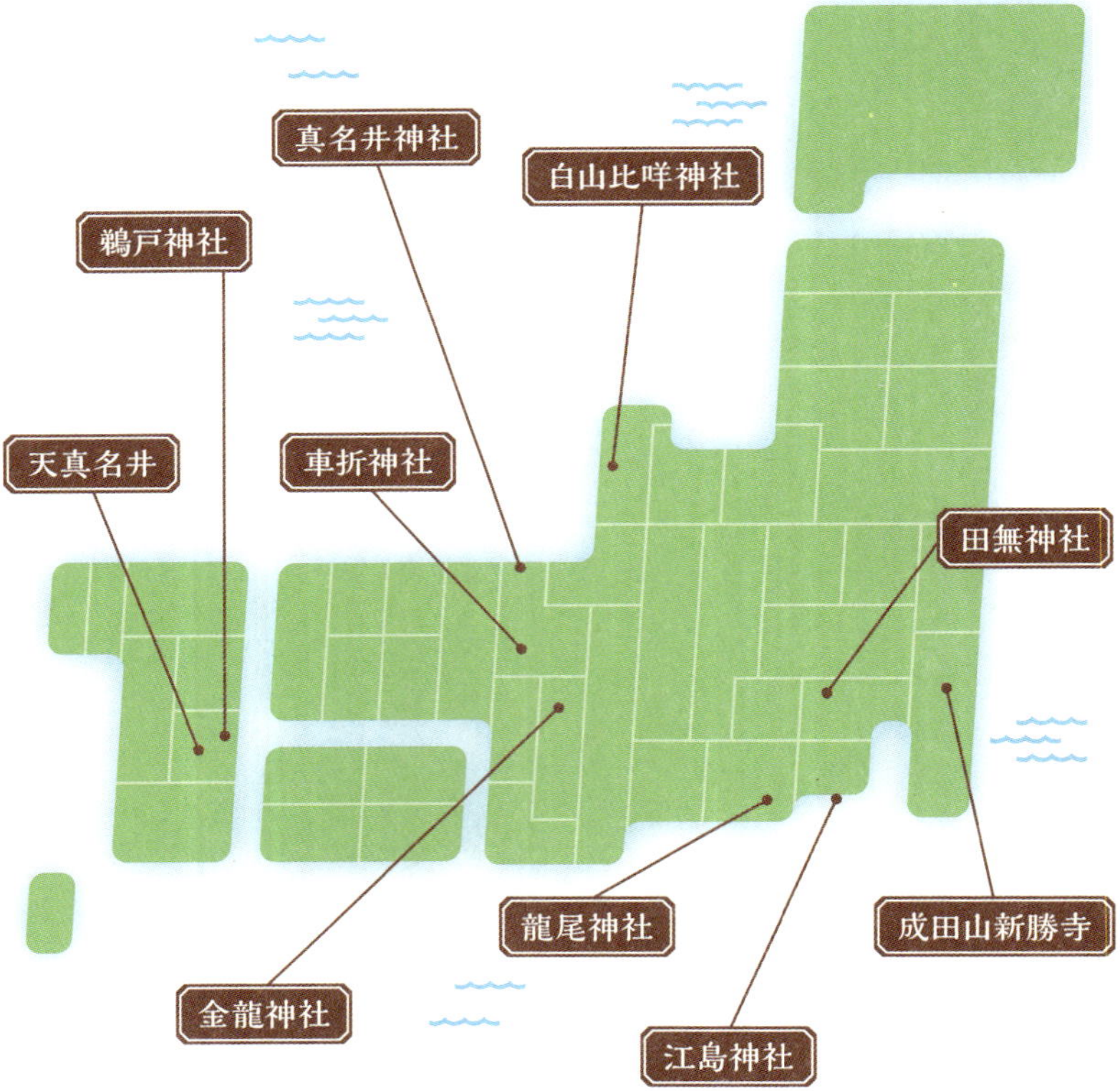

金運や龍神に関係している神社やスポットは全国にあります。
そのなかでも、私が実際に行って、
特に龍神パワーを実感したところを紹介します。

成田山新勝寺《なりたさんしんしょうじ》

学生時代から毎年お詣りしております。不動明王の剣に絡まった龍神は己の邪、周囲がもたらす邪を断ち切ります。私自身何度もご利益を頂きました。

【住所】千葉県成田市成田 1

白山比咩神社《しらやまひめじんじゃ》

美しい緑の育みの気に出迎えられ、凛とした空気が包み込んでくれます。神社がお守りしている白山の尾根は美しい龍の形で、恵みに溢れた水で金沢を潤しています。

【住所】石川県白山市三宮町ニ 105-1

江島神社《えのしまじんじゃ》

こちらに参拝してから横浜とご縁を頂き、もう 13 年住んでいます。境内の「岩屋」の洞窟に入ると、物凄く鳥肌がたった経験があります。一番パワーが充満しています。

【住所】神奈川県藤沢市江の島 2-3-8

田無神社《たなしじんじゃ》

中国の五行思想に基づく、五頭龍方位除けを授けてくださいます。私は引っ越しのときに必ずこちらの「五龍塩」を授かり新居を整えます。今住んでいる家にもぜひ。

【住所】東京都西東京市田無町 3-7-4

真《ま》名《な》井《い》神社《じんじゃ》

狛犬ならぬ狛龍がお出迎え。階段を上がると開祖の神様たちの御神気に満ちた岩、大木が凛々しく在ります。お水も頂けますよ。

【住所】京都府宮津市字大垣小字諸岡
籠神社（奥宮）

龍尾《たつお》神社《じんじゃ》

龍尾山の素晴らしい気がこの神社には集まります。金運上昇、出世祈願にオススメなのが「招運来福守り」。特に赤革タイプがオススメです。

【住所】静岡県掛川市下西郷 84

車折《くるまざき》神社《じんじゃ》

境内の入り口近くにある「水神社」に龍神さまが祀られています。お参りをすると、すんだ御神気に包まれます。清めのお社、本殿のご挨拶の順番を守って参拝を。

【住所】京都府京都市右京区嵯峨朝日町 23

金龍《きんりゅう》神社《じんじゃ》

美しい春日大社の福にあやかれる十五社巡りがありますが、そのひとつが「金龍神社」です。金龍はとても強力な後押しを頂ける龍神です。

【住所】奈良県奈良市春日野町 160　春日大社内

鵜戸神社《うどじんじゃ》

岩窟内に本殿があり、まるで龍の胎内のようでした。振り返ると白龍を思わせる岩のアーチと光が大変美しく、心が浄化されます。

【住所】宮崎県日向市日知屋1
大御神社内

天真名井《あまのまない》

美しい水の種を龍神たちが連なって井戸を潤しているような、美しい波紋が伝わってきます。心地良い、新鮮な原水のエネルギーから素晴らしい御神気を頂けます。

【住所】宮崎県高千穂町三田井472

ゆうはんの神社での体験

龍神(水神)信仰のある神社仏閣は全国にたくさんありますが、その中でも私が実際にパワーを体感したお話しをしたいと思います。

ひとつめは「白山比咩神社」。日本の親族がこの神社の近くにおり、幼少期から連れて行ってもらっていた神社です。美しい表参道の階段に、真っ白いお顔と絹の衣装をまとった美しい天女がいつも立っていたのを覚えています。後押しを頂けることが多く不思議な経験をしていますが、先祖の愛新覚羅家は聖地が白頭山で、初めて日本に来たときに住んだのが白金、その後、白井と、なぜか「白」にご縁が続いております。国も山も違うけれども白山には何故か懐かしさを感じます。

ふたつめは「成田山新勝寺」。実家も近くてもう10年以上初詣に通っています。毎回ここでお願い事を真言唱えながらするとほぼ叶っているのです。不動明王は酉年の守り神で、28日はお不動さんの日、私は酉年で誕生日が2月8日と、なんだか運命を感じています。

パワースポット巡りのルール

昨今、パワースポット巡りが流行っていますが、奇抜な行動やふさわしくない服装で神社仏閣のご迷惑となるようなこともあるようで、とても残念に思います。もちろんご利益をお願いすることは良いのですが、あなた自身が整っていなければ、授かったパワーを活かすことができないこともあります。

ここでは、パワースポット巡りを通して、円滑にパワーチャージできる方法をお教えします。左ページにまとめた「パワースポット巡り10カ条」の流れで巡ってみましょう。

また御祈願したことが実現したら、必ずお礼参りに行きましょう。「感謝の意」を巡らせることでパワーが倍々に増幅していくのでオススメです。

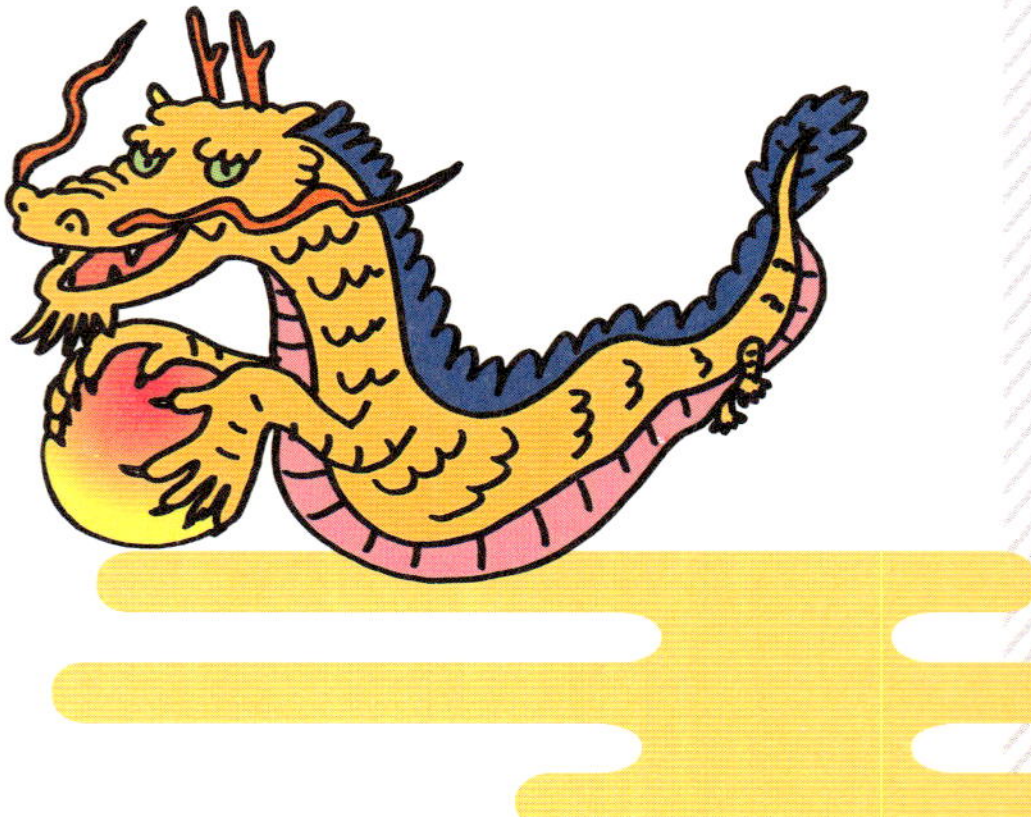

パワースポット巡り 10カ条

ポイントは「相手を知る、そして自分を知ってもらう」です。
お見合いのように捉えてもらえると、わかりやすいでしょう。
一社、この流れを終えたら、また違う一社という流れが良いと感じています。

❶ 行くパワースポットを決める（習慣㉗ /P.126 もご参考に）。

❷ 前日にお風呂に小さじ３杯ほどの粗塩を入れてつかりましょう。

❸ 髪は不浄のもの。当日はまとめたり、結ったりしましょう。

❹ 神社に入って真ん中は神の道。歩かないように気をつけましょう。

❺ 手水で清め、先にご由緒がわかる案内を社務所や立て板などで確認し、どんな神様なのかを知りましょう。

❻ 本殿、奥宮（参拝可能ならば）、摂社の順に参拝しましょう。または、神社などの案内にそって参拝してもいいでしょう。

❼ 参拝時はあなたの「名前、住所、誕生日」をしっかりお伝えしましょう。

❽ 参拝後はぜひ一つでもいいので、その神社のパワーが入っている御守りや御札を授かりましょう。御朱印も良いでしょう。

❾ 帰りは鳥居や神社入口前で振り返り、一礼して帰りましょう。

❿ 購入した物はすぐに袋からだして、神棚やお気に入りの場所に飾ってあげましょう。袋などが被ったままで置いておくと、せっかく購入したのに意味がありませんので注意を。

あとがき

私たちは約百年という人生の中でさまざまなことを経験すると思います。そこで気づくことは「人はやはり、ひとりでは生きていけない」ということです。

ひとりで生まれてきて、ひとりだけで生きていくという体験はなく、必ず対人関係や環境の影響があると思います。地球で生き、人と共鳴しながら、共感しながら、一日、一日、今日死ぬかもしれない、明日死ぬかもしれないという狭間で、絶えず疾走しているものだと思います。だからこそ、毎日を楽しく、悔いなく、好きなことをして、豊かになっていきたいと思える人生にしてほしいと思うのです。

「風水」はまさに、ここを司っているなと感じています。

本当の潤いや豊かさってなんだろう？

お金持ちになることなのか？　成功することなのか？　名誉を得ることなのか？

もちろん、この資本主義社会は「お金」がなければ生きていけないシステムに溢れています。死んだら持っていけないものだからこそ、楽しむのも良いでしょう。

そして、どんな環境でも状況でも振り回されない「自分」を見つけられたら、それは本当に素晴らしいお金には代えられない財産といえるでしょう。

最後に、2018年から、龍神が覚醒してまさにパワーアップしていく時代に入っていきます。2017年は「水」の年、2018年は「火」の年、火（カ）の縦軸（鳳凰）と水（ミ）の横軸（龍神）が交わることで、「神（カミ）」の流れが完成します。龍神と鳳凰が合わさることで「龍鳳」という強力なパワーの神獣が覚醒します。これは8年～9年に一度巡ってくるのですが、私はこの流れをとらえて本書の準備を整えてきました。執筆中は水や波の音を流しながら、お部屋の気を整えて臨みました。

あなたらしい豊かさを、ぜひ龍神の力を授かって手に入れてくださいね。

愛新覚羅ゆうはん

著者プロフィール

愛新覚羅ゆうはん（あいしんかくら・ゆうはん）

占い師、風水師、

開運ライフスタイルアドバイザー、デザイナー

中国黒龍江省ハルビン市生まれ。映画「ラスト・エンペラー」で知られる清朝の皇帝・愛新覚羅一族の流れをくむ。5歳のときに来日。桑沢デザイン研究所を卒業後、北京大学に1年留学し、中国語を学ぶ。帰国後は、アパレル企業の広報宣伝などを経て、幼少期から備わっていた透視能力に加え、タロットカードや占星術なども生かし、「ジョカ」の別名で占い師デビュー。当初鑑定していた医療・教育関係者の間で話題となり、10年で延べ1万5000人以上を鑑定。占い・風水スクール「PRIMAVERA」を主催し、デザイナーとしてのプロデュース開運アパレルブランド「Ryujyu～龍樹～」も手がけ、全国でセミナーやイベントを開催するなど、多岐にわたって活動をしている。

著書に『恋とお金を引き寄せる姫風水』（扶桑社）『恋とお金の神さまに教えてもらった魔法の赤風水』（主婦の友社）『間取りを気にせずできる！やったほうがイイ風水』（日本文芸社）『やってはいけないブラック風水』（主婦の友社）がある。

愛新覚羅ゆうはんの公式・プロデュース＆デザイン

開運グッズ＆開運長財布

なかなか理想の開運アイテムが見つからないという皆様にニュース！
色、素材、デザインのすべてに開運メソッドが盛り込まれた
愛新覚羅ゆうはんプロデュース＆デザインの
開運グッズ＆長財布を紹介します。このアイテムを使えば開運間違いなし！

金龍の雫 宝珠

あなた自身の龍脈・龍穴を整え、ドラゴンゲートをひらく、オリジナルのマジカルアイテム。全て日本製のハンドメイドで、職人がひとつひとつ仕上げるため、多少、大きさや金箔、気泡の入り方が変わります。こちらの宝珠はシリーズ展開で発売中！

恋もお金もすべての願いをかなえる

Ryujyu オリジナル開運長財布

機能性を重視した使いやすいジッパーとがまぐちが合体した二重構造仕様。カラー、素材、日本製のハンドメイドにこだわった開運長財布です。大変使いやすいと大好評で、季節や気分によってカラーを替えながら楽しむ方が多いです！

公式コンテンツ

愛新覚羅ゆうはんの公式サイト　http://aishinkakura-yuhan.com/
愛新覚羅ゆうはんのマジカルオンラインショップ　http://yuhan.shop-pro.jp/
愛新覚羅ゆうはんの開運アパレル「Ryujyu ～龍樹～」　http://www.ryujyu.net/

※品切れ等により、販売を終了させて頂く場合がございます。商品に関するお問い合わせは、info@ryujyu.net まで。

カバー・本文デザイン　佐久間勉・佐久間麻理（3 Bears）
イラスト　えのきのこ
執筆協力　鮫島沙織
編集協力　オメガ社

驚《おどろ》くほどお金《かね》を引《ひ》き寄《よ》せる！ 龍神風水《りゅうじんふうすい》
2018年 2 月 1 日　第1刷発行
2021年12月20日　第9刷発行

著　者　愛新覚羅《あいしんかくら》ゆうはん
発行者　吉田芳史
印刷所　株式会社光邦
製本所　株式会社光邦
発行所　株式会社日本文芸社
〒135-0001　東京都江東区毛利2-10-18 OCMビル
電話　03-5638-1660（代表）

Printed in Japan
112180117-112211207Ⓝ09　(310033)
ISBN978-4-537-21550-2
URL　https://www.nihonbungeisha.co.jp/

（編集担当：河合）